身姿矫正手册
还您健康身体

冉令军◎主编

U0274572

清华大学出版社
北京

内 容 简 介

常言道"坐有坐相，站有站相"，意思是人们需要保持良好的身体姿势，从而使人具有精、气、神；长期的错误身体姿势，除了影响人的形象和气质之外，还会影响身体的生长发育和心理健康，甚至出现一些隐性的病痛。

本书详细介绍了一些常见的身体不良姿势，包括脊柱侧弯、含胸驼背、高低肩、X型腿、O型腿等，从每个不良身姿的表现、危害、评估及自我矫正方案入手，教您如何识别不良身姿，了解其形成的原因，并通过一系列的措施帮您矫正身姿，从而还您一个健康的身体。

本书封面贴有清华大学出版社防伪标签，无标签者不得销售。

版权所有，侵权必究。举报：010-62782989，beiqinquan@tup.tsinghua.edu.cn。

图书在版编目(CIP)数据

身姿矫正手册：还您健康身体 / 冉令军主编. —北京：清华大学出版社，2024.3
ISBN 978-7-302-55996-2

Ⅰ. ①身…　Ⅱ. ①冉…　Ⅲ. ①健身运动—青少年读物　Ⅳ. ①G831.3-49

中国版本图书馆CIP数据核字(2020)第121779号

责任编辑：陈立静
封面设计：李　坤
责任校对：李玉萍
责任印制：曹婉颖
出版发行：清华大学出版社
　　　　　网　　　址：https://www.tup.com.cn, https://www.wqxuetang.com
　　　　　地　　　址：北京清华大学学研大厦A座　　邮　　编：100084
　　　　　社 总 机：010-83470000　　　　　　　　邮　　购：010-62786544
　　　　　投稿与读者服务：010-62776969, c-service@tup.tsinghua.edu.cn
　　　　　质量反馈：010-62772015, zhiliang@tup.tsinghua.edu.cn
印 装 者：北京博海升彩色印刷有限公司
经　　销：全国新华书店
开　　本：170mm×240mm　　印　张：11　　字　数：209千字
版　　次：2024年3月第1版　　　　　　印　次：2024年3月第1次印刷
定　　价：59.80元

产品编号：086940-01

编 委 会

主编：冉令军（北体大冉冉运动康复研究中心主任，前国家队队医）

编委：

陈雅琼（冉冉运动康复　摔跤、帆船、高尔夫等世界冠军康复师）

胡盼盼（冉冉运动康复　2019篮球世界杯赛事保障康复师）

鹿钊翔（冉冉运动康复　北京体育大学）

李悠然（冉冉运动康复　韩国庆熙大学）

孙景毅（冉冉运动康复　卫健委认证康复治疗师）

宋玉武（冉冉运动康复　国家一级社会体育指导员）

武康生（冉冉运动康复　国家一级社会体育指导员）

郭　雅（冉冉运动康复　国家一级社会体育指导员）

崔跃华（冉冉运动康复　国家一级社会体育指导员）

关世煜（冉冉运动康复　国家一级社会体育指导员）

前　言

PREFACE

文明其精神，野蛮其体魄。

——毛泽东

2019年6月，在北京西站的冉冉运动康复中心，有一个男孩，大概十三四岁，站在门口往里看，我就过去问："小朋友，你怎么了？"他有点害羞和胆怯地说："没啥问题。"随后便离开了。过了一会儿，我看到他又过来站在门口，于是我又问道："你是不是哪里疼？"他说："是，膝盖疼。"我就让他进来，给他做了一下评估，发现他不光是膝盖疼，脊柱侧弯和高低肩也非常明显。他的个子比较高，但看起来有点驼背。康复评估结束后，我向他说明了他的问题和注意事项。他说他的妈妈在旁边练习瑜伽，一会儿带着妈妈过来。大概20多分钟后，男孩带着妈妈过来了，我将孩子的情况向他的妈妈讲明，他的妈妈说："没事，自己注意一下就好了。"他的妈妈毫不在意，带着孩子走了。

还有两位脊柱侧弯的患者给我留下的印象比较深刻，一个是14岁的女孩，脊柱侧弯，佩戴了支具。为了备考体育，这个女孩天天练习体能。有一次她的父亲发现，孩子跑步后上气不接下气，但其他同学没啥问题，她的父亲就比较担心，怀疑是不是支具的问题。女孩正值生长发育期，戴着厚实的支具，像是铠甲，确实影响孩子的发育。后来经朋友介绍，接触到运动康复，想要矫正一下脊柱侧弯。我对女孩做了一系列评估后，发现她的问题不算太严重，经过三次矫正，就有了明显的改善。我对女孩的爸爸说："孩子的问题可能有两三年了，或者更久了，怎么没发现呢？"她的爸爸说："我们之前对这个没有概念，也不知道什么是正确的姿势。这次出现问题，就想快点给孩子治好，要不孩子太难受了，自己心里更是愧疚，因为自己的不重视耽误孩子这么久。"

另一个是27岁的女孩，七八岁的时候就发现了脊柱侧弯。一开始的时候并未重视，直到后来脊柱侧弯越来越严重，才开始治疗。她看上去面色苍白，气色非常差，完全不像一个年轻人的状态。她说自己坐5分钟就会腰疼，话说多了就感觉喘不上气。她不仅有严重的脊柱侧弯，而且因为常年没得到改善，现在连胸廓也畸形了，严重影响了心肺的工作空间，胃肠功能也比较差。

像以上这些患者，我接待过很多。通过"姿势决定未来"等健康讲座和实际调查发现，中小学生姿势健康问题非常严峻。2014—2015年，我对183位小学生进行身姿评估，脊柱侧弯发生率为21.6%，姿势异常率高达90%。2019年3月，给清华附中高一的学生开展"人体工程修复师——姿势决定未来"脊柱健康讲座，数据更加惊人，脊柱侧弯发生率达到了50%以上，有颈部和腰部疼痛的学生达到37%。

姿势异常不仅会严重影响孩子的生长发育、身体健康，也会影响孩子的心理健康和精神气质。而我遇到的仅是冰山一角，全国因家长忽视生长发育造成体态问题的孩子不计其数，我们能做什么呢？我们想要让更多家长有意识地重视孩子的生长发育。

家长和老师是孩子在生长发育阶段中接触最多、影响最大的人。可令人担忧的是，相关数据显示，仅有22.7%的老师关注过学生身体姿势健康方面的知识，更为可怕的是孩子父母中懂一些身体姿势健康方面知识的仅占2.8%。

面对现代社会激烈的竞争，若想取得成功，必须有健康的身体，身体是成功的基石。

我们希望的，正是所有人希望的，祖国未来的根基不可轻视，要从孩子的最基本的"坐有坐相，站有站相"开始，培养孩子良好的姿态和运动习惯，让他们受益终身。

编　者

编者冉令军接受央视的采访

▼

CCTV13新闻频道《新闻直播间》

CCTV10 科教频道《科技之光》

编者冉令军与
羽毛球世界冠军王仪涵
合影留念

编者冉令军与
国家女子摔跤队队员
合影留念

冉冉团队
2017年天津全运会
合影留念

目录

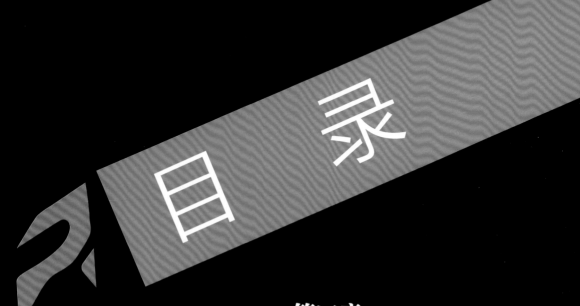

第四章
运动与姿势健康

第三章
姿势纠正的方法

参考文献

此图书得到了以下单位的支持

▼

运动康复产业联盟
SPORTS REHABILITATION INDUSTRY ALLIANCE

（第二届）
The Second Term

理事单位
Council Member

二〇二一年十二月
December 2021

北京体育大学
BEIJING SPORT UNIVERSITY

北体大冉冉
运动康复研究中心

北京北体科技中心　冉冉运动康复学院

二零一九年八月

第 一 章

您了解姿势吗

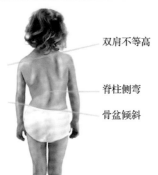

双肩不等高

脊柱侧弯

骨盆倾斜

当我们看到一个人含胸驼背、胯部高度不一致，甚至腿型极其难看等各种身体姿态时，我们会直观地认为，这个人不够自信甚至有点懒散或邋遢。相反地，如果一个人站姿挺拔或走路昂首挺胸，就会觉得这个人不仅落落大方而且阳光自信。

其实，不同的人会给我们留下不同的第一印象，这种印象大都来自身体当前的形体状态。如果一个人的外在形体很好并且在日常生活中姿势优雅，甚至整体气质非常得体，这样的人通常会给人留下深刻的印象。反之，身体姿态欠佳，通常很难给人留下好的印象，有时甚至会给人留下不好的印象。身体出现的各种姿态问题除了影响外在气质外，更重要的是它会间接影响个人的身心健康。良好的身体姿势是青少年生长发育的基础，也是大家获得健康生活的保障，甚至是每个人获得美好人生的基石。

在讨论姿势之前，先说两个笔者在从事运动康复工作中调查的数据。

2014—2015年，笔者曾对183名小学生进行姿势评估，脊柱侧弯发生率为21.6%，姿势异常率高达90%。

作者冉令军为中关村小学开展《身体姿势健康》课堂

2019年3月，笔者给清华附中高一的学生开展"人体工程修复师——姿势决定未来"脊柱健康讲座，数据更加惊人。参与讲座的学生一共三批，由高一不同班级的学生组成：第一批20名学生，10人脊柱侧弯，其中5人严重脊柱侧弯，6人颈腰疼痛；第二批25名学生，11人脊柱侧弯，其中5人严重脊柱侧弯，5人颈腰疼痛；第三批20名学生，12人脊柱侧弯，其中1人严重脊柱侧弯，13人颈腰疼痛。

姿势决定未来。现在青少年身体姿势不良已经是非常突出的问题了，将严重影响孩子的生长发育、身体健康，以及心理健康。

作者冉令军为清华附中高一学生开展《人体工程修复师——姿势决定未来》脊柱健康讲座

第一节
身体姿势的概念

姿势是指一个人在生活中的站立、坐位、睡觉、行走时的身体状态。关于姿势，我们最先想到的就是天安门的国旗手和那些保卫祖国的军人，他们往往给人留下身形挺拔、英姿飒爽的印象；但生活中一些不良的生活习惯，如跷二郎腿或懒散躺都是最常见的不良姿势，长期维持这种懒散的姿势，很容易诱发身体出现姿势固化，进而影响肢体动作的协调，甚至可能会引起骨骼的形变。

那什么样的姿势才算是标准姿势呢？从外在表现来看，标准姿势应该是令人耳目一新且赏心悦目的。到底应该呈现什么样的姿态才算得上是拥有良好的身体形态，其实古人早就给出了答案："站如松、坐如钟、行如风、卧如弓。"

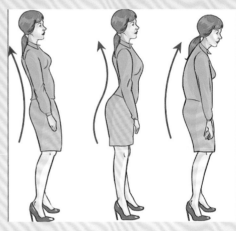

站如松，就是要求站立时身体重心平均放在两脚上，身体竖直，抬头挺胸，目视前方，两肩平展，腹部微收，犹如挺拔的劲松。

坐如钟，是指看书、写字等要正身端坐，腰背挺直，不能含胸、弯腰、弓背，两腿伸展，稍微弯曲，躯干与大腿、大腿与小腿保持近似直角，犹如大钟稳定之势，大气端庄。

行如风，是指走路时身体正直略微前倾，全身重量由脚后跟自然滚动到前脚掌，步履均匀，脚步轻盈，稳健敏捷，给人以矫健如飞的感觉。

卧如弓，是指睡觉采取侧卧位姿势，脊柱略向前弯曲，双腿微屈。类似弓的睡姿不仅能让全身放松，还有利于缓解白天的疲劳，尤其是在睡觉时让身体右侧卧，不仅不会压迫心脏，而且有助于胃肠充分蠕动，确保胃将内部的食物及时输送到各肠道内。日常生活的一举一动都是身体姿势的呈现，身体姿势和我们的生活息息相关。

第二节
如何进行自我评估

有一部关于体态评估的图书《体态和伤痛》（*Posture and Pain*）中提到，最理想的体态被认为是一种"标准的体态"，笔者认为这样的体态应该不是一个自然的体态，而是设定的参考标准。

通过标准的体态图像作为参照图谱，有时候也会陷入误区，那就是把身体的问题归因于局部的姿势代偿。例如，我们可能通过照片发现自己的脖子与理想的体态相比，存在很明显的前凸，进而得出结论，问题出在脖子上。然而，我们需要从整体的视角考虑问题，因为身体出现疼痛的地方并不一定是问题的根源，如果过度关注不适区域，甚至把疼痛问题直接归因于局部的姿势也是不合理的。因此，除参照标准的体态图谱外，最好结合多区域一起处理，这样能使身体多个区域的姿势问题得到明显的改善，身体的排列情况也会得到实质性的改善。

接下来，让我们进入身体的自我检查环节，想要判断自己的身体姿势是否出现问题，首先要了解什么样的身体姿势才是正确的。一般我们采用如下方式观察身体姿势：被检查者需要穿贴身的衣服，站在姿势评估图前侧，在保持身体自然放松的状态下完成站立、坐下、行走的动作。在他人的帮助下用手机记录图片与视频。可能你会反问，为什么需要在自然放松的状态下进行观察。因为只有让身体处于自然放松的状态下，才能观察到日常生活中的具体姿势，经过大脑控制或者刻意修饰后的姿势往往不能反映真正的姿势问题。按照我们的方法进行图像与录像采集后，再将采集后的素材与标准姿势进行对比，然后分析自己身体可能存在的姿势问题。

1 站姿

1）标准站姿

头部 和身体成一条直线，不要低头或向前倾，眼睛正视前方，下巴微收。

颈部 颈部未向前探，处于中立位，脖子和头没有左右倾斜和旋转。

胸部 挺起胸膛，不能含胸，肩膀放松，两侧同高。

脊柱 脊背挺直，两侧胯高度相同，不左右倾斜。

下肢 双腿并拢，重心放于两腿之间，两脚平均受力。

站姿 从正面看，双眼平视前方，身体中正，双脚指向前方；从侧面看，耳垂和肩膀中央、腰际线、膝盖侧面、脚踝外侧连成一条直线与地面垂直。从背面看，头后枕部、脊柱和两足夹缝线处于同一条垂直线上。

正面

侧面

背面

正确的姿势

2）错误站姿

回忆自己是否有以下错误姿势，如头向前伸、脖子歪着、肩膀两侧不等高、驼背、重心未放在两腿中间、双腿一前一后等。

② 坐姿

1）标准坐姿

上半身伸直，腰部和臀部都要紧靠椅背；椅背和腰部曲线保持一致，让背部到腰椎的最尾端都能碰到椅背即可，坐着时膝盖内侧距离椅子四指宽。

头部 头部和身体成一条直线，不要低头或向前倾，眼睛正视前方，下巴微收。

颈部 颈部不能向前探，处于中立位，脖子和头不能左右倾斜和旋转。

胸部 挺起胸膛，不能含胸，肩膀放松，两侧同高。

脊柱 脊背挺直，两侧胯高度相同，不左右倾斜。

下肢 双腿张开与肩同宽，重心放于两腿之间，两脚平均受力。

座椅高度 坐下时，大腿部与地面水平，脚底与地面恰好接触为佳。

桌子高度 身体保持正直时，前臂可以自然放于桌上。

使用电脑或者看书时，在完成以上标准坐姿的前提下，还应注意以下几点。

（1）持续看书、看电脑40~50分钟后，离开座位5~10分钟，避免久坐少动。

（2）脚底整体着地，够不着地的时候，可以放在台子上。

（3）手臂支撑在桌子上，使用鼠标时，最好在手腕下放置软垫。

（4）眼睛距离电脑屏幕40cm以上，预防眼睛近视。

（5）避免书本或者屏幕反光，近视者应及时佩戴眼镜，以避免看不清而脖子向前探。

2）错误坐姿

回忆自己是否有以下错误姿势，如弯腰驼背，低头玩手机、看书，跷二郎腿，蜷缩在沙发上看书、看电视，长时间一手托着下巴，长时间坐着，很少起身走动，等等。

3 睡姿

1）标准睡姿

睡姿　即使在睡觉的时候，也应该使脊柱处于正常的生理弯曲状态。

侧卧位　选择合适的枕头高度和材质，头部和身体保持在一条直线上，

仰卧位睡姿　选择合适的枕头高度和材质，仰躺在床上，可以在腿下垫一个枕头，以使髋部和膝部处于微屈的状态，腰部可以放松贴于床面，避免腰部承受过大的压力。

避免头部过于向前倾斜，双髋和双膝微屈。

枕头的选择　合适的枕头可以使颈部保持良好的生理曲线，使颈部肌肉得到充分的放松。过软、过大、过高、过硬的枕头都不好。过软的枕头无法对颈部提供良好的支撑，睡醒后会觉得脖子特别累；过高的枕头容易使颈部生理曲线消失，向前倾斜，长此以往，会加重头部向前伸的现象，使颈部肌肉僵硬；不枕枕头，颈部会向后弯曲，不利于颈椎的正常发育。平躺睡觉时枕头的高度和拳头等高为宜，侧卧睡觉时枕头高度和一侧肩宽等高为宜。

床垫的选择　选择软硬适中的床垫，可以保护脊柱的生理弯曲，不给脊柱造成负担。躺在太软的床垫上，臀部和肩

部很容易下陷，这两个区域的下陷容易给腰椎造成挤压力，这就是许多人早晨醒来觉得腰椎不适的原因。

2）错误睡姿

蜷身睡姿会让头部过于前倾导致颈椎的生理曲度减小，甚至养成头部向前伸的习惯，这种习惯会使颈部后侧的肌肉长期处于拉长的状态，因此颈部后侧的肌肉总是有明显的酸痛感。此外，这种睡姿还会导致胯部和膝盖过度屈曲，造成局部肌肉的张力过大，如髋部的髂腰肌，以及膝关节后方的腓肠肌和比目鱼肌，这些肌肉如果长期处于短缩的状态，将得不到相应的放松，也会因此诱发出身体的各种慢性疼痛。

关键词——髂腰肌

髂腰肌位于髋关节前方，它的主要功能是完成屈髋。平时坐在凳子上或蜷着身体睡觉时，髂腰肌会处于缩短状态。它是连接骨盆和大腿的重要肌肉，如果长期处于屈曲的状态会导致骨盆前倾，丧失伸髋功能，最终形成不良的步态，不符合生物力学的下肢蹬伸动作。

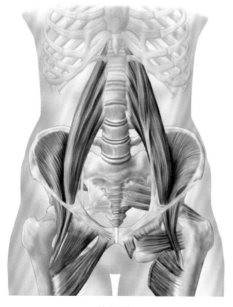

髂腰肌

腓肠肌

关键词——腓肠肌

腓肠肌是位于膝关节和小腿后侧的肌肉，它的功能是使膝关节屈曲和绷脚。平时我们行走和站立，都少不了腓肠肌的发力。当我们过度弯曲膝关节蜷着身子睡觉时，膝关节后方的腓肠肌将无法得到放松，会越来越紧张，逐渐形成大象腿，小腿越来越粗壮，影响美观，下肢的运动功能也会减弱。

4 走路姿势

1）标准走路姿势

身体姿势同站立姿势，身体伸展向上，抬头挺胸，下巴微收，避免头部向前伸，两眼平视前方，肩膀放平，两臂靠近身体前后自然摆动，腹部收紧，以自然的步伐向前迈步；脚尖正向前，脚后跟先抬离地面，脚后跟先着地，着地时膝盖伸直，不要弯曲。尽可能注意不要左右摇晃身体和大幅度地前倾或后仰，重心上下的起伏不要太大。

2）错误走路姿势

回忆自己是否有以下错误走路姿势，如一直低着头走路，含胸驼背，拖着双腿走路，走内八字或者外八字，身体左右摇晃等。

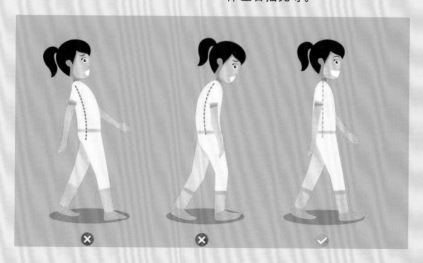

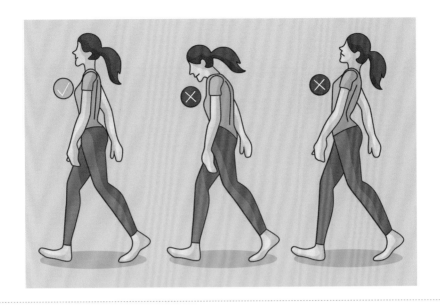

Q 完美身体姿势存在吗?

A 完美身体姿势确实存在,但并不适合所有人。本章的第二节便提到,标准的身体姿势是什么样的。标准的身体姿势就是所谓的"完美姿势",我们并不是要求大家让身体时刻都要保持完美的姿势,这个确实有难度。不过,如果身体长期处于不良的姿态,往往会导致身体出现功能代偿,进而诱发关节功能障碍。本书的目的就是为大家提供一个正确的身体姿势指南,大家也可以把这本书提到的身体姿势当成改善日常错误姿势的图谱,避免身体出现严重的不良姿态,从而影响日常生活中的动作与训练。

第三节
身体姿势与健康的关系

北京市国民体质监测中心等机构对少年儿童形体测量和测评结果显示:80%的青少年儿童有形体不良的问题。专家组随机抽样调查了北京市某所学校的在校初一学生,在受试者不知道对其进行测评的状态下进行坐姿、站姿、走姿、跑姿及腿形等方面的测评,在随机抽取的样本中,男生占55名,女生占47名,年龄为13~14岁。样本的测评结果显示:走姿中出现探颈、驼背者比率高达46.1%,上体晃动者占比27.5%,站姿头位不正者占比41.2%,双肩不平者占比38.3%,坐姿出现塌腰、弯背者占比17.7%,站姿出现X型腿或O型腿者占比10%,各项均良好者仅占比12.8%。

2015年，上海市原静安区开展在校初中生特发性脊柱侧弯患病率的调查，对原静安区14所初级学校共5327名11~13岁初中生进行青少年特发性脊柱侧弯筛查。结果显示：预备、初一、初二年级青少年特发性脊柱侧弯疑似症状检查出率分别为9.91%、9.95%、9.42%。（引自：国际科学杂志的数据2017年5月第38卷第3期）

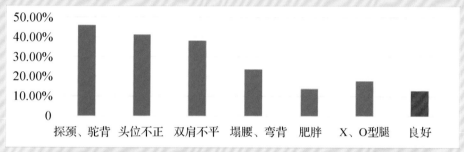

作者冉令军在北京体育大学开展《青少年姿势健康》讲座

不良的身体姿势在日常生活中越来越常见，我们对其必须给予足够的重视，因为身体姿势可以体现一个人的形象与气质，甚至能体现我们的身体健康情况。正确的身体姿势意味着身体的状态相对良好，而长期维持不良的姿势更容易诱发各种功能代偿甚至出现慢性疾病。

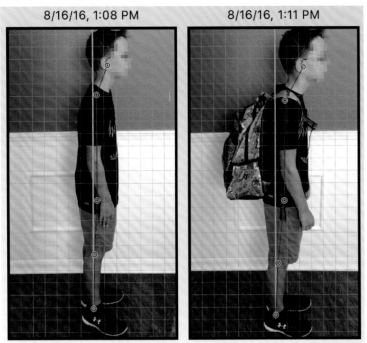

8/16/16, 1:08 PM   8/16/16, 1:11 PM

例如，长期驼背对呼吸道的潜在影响是巨大的，驼背直接影响胸腔的整体形态，进而导致肺部的工作效率不高。肺叶的形态上窄下宽，如果总是上肺部参与扩张，而下肺部不能充分扩张，这样身体在吸气过程中就会导致吸进来的氧气不足，而氧气不足容易造成红细胞无法充分工作，进而影响到身体的血液循环系统，持续维持这种状态很容易诱发各种心血管疾病。

① 不良身体姿势影响骨骼、关节和脊柱功能

一个人看起来漂亮且有气质往往需要良好的身体姿势作为基础，大家可以想象一个画面：某人五官端正且化着精致的妆容，但是站立的时候却驼背塌腰甚至还是O型腿，那么这个人给人的整体印象一定会大打折扣。有些人认为，身体姿势不够好只是外表问题，很少有人能意识到优良的身体姿态和符合生物力学的骨骼排列与身体的肌肉弹性以及各区域的功能是紧密地联系在一起的。特别是从成年到衰老的过程中，长期养成的不良身体姿势总是伴随着肌肉和关节的疼痛，以及身体功能的退化，导致我们无法高效完成日常生活中的某些动作。因此，我们更应该意识到良好的身体姿势对维持身体健康的重要性，并且从小养成保持良好身体姿势的习惯。如果身体出现不良的体态，应该及时调整，这样身体才能产生高效动作，这些

高效的动作往往也对关节起到保护的作用。换句话说，如果你能维持好的体态，便能减缓成年后身体随着年龄的增加出现的关节功能退化。

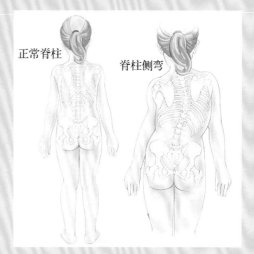

正常脊柱　脊柱侧弯

身体各部位的肌肉与韧带出现功能性失衡通常是姿势不良导致的，即由于身体的力量和柔韧性不均衡，引起骨骼、脊柱、关节的位置异常，如脊柱侧弯。反过来说，姿势不良也会进一步导致肌肉的力量和柔韧性变差。肌肉不是一个简单的块状物，而是由数百乃至数千个非常细的肌纤维汇集而成的组织，其中还贯穿着血管和神经。

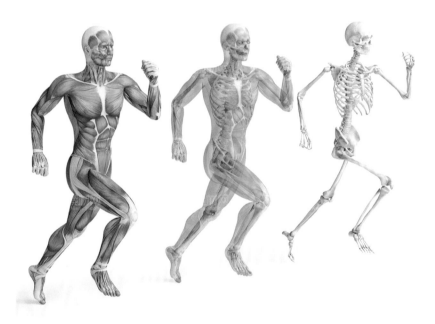

肌肉并非独立存在于人体之中，其两端借助肌腱附着于骨骼上，通过肌肉收缩将力量传递到骨骼，引导人体运动。试想一下，如果肌肉紧张或力量不足，会将骨骼拉向不正确的位置，从而加重身体异常姿势的发展。而在姿势不良的状态下，肌肉变得紧张，影响局部血液循环，肌肉无法完成相应的代谢，营养物质也无法送达相应的器官，从而将诱发各种慢性疾病，甚至出现肌肉酸痛或头晕等症状。许多人由于错误姿势导致脊柱侧弯的问题，久而久之，脊柱椎体出现退行性病变，甚至导致椎间盘突出，卡压神经。这种情况会使肢体出现麻木的症状，当肢体出现串麻则会影响肢体产生动作，长时间对某侧肢体制动容易导致该侧肢体出现肌肉萎缩、力量下降的后果，并可能会影响其他关节和脊柱的功能。如果身体在不良姿势下进行运动，关节更容易出现慢性磨损，久而久之，将引发关节功能下降，甚至出现关节炎。

❷ 不良身体姿势影响身体发育

人体的脊柱有四个自然的生理弯曲——颈椎前凸、胸椎后凸、腰椎前凸、骶骨后凸。这四个生理弯曲让脊柱维持着应有的生理功能，脊柱是维持人体重心的重要结构。当它发挥应有的功能时，上半身的胸腔形态也可以达到相对完美的平衡，此时人体对能量的利用率是最优的，在优良的姿态上进行运动也更有利于身心健康。

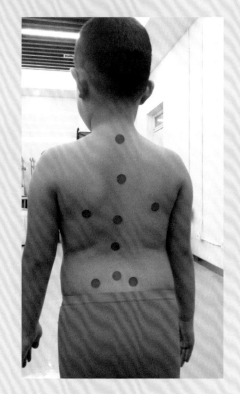

虽然有时弯腰驼背让身体有更舒服的错觉，但本该维持脊柱保持中立的肌肉却没发力，本该使上肢产生动作的后背肌肉特别是表层肌肉长期处于被拉

长的状态，这样一来会使脊柱周围的椎体和韧带承受更大的压力和拉力，从而会进一步加快脊柱的椎体出现退行性病变。如果长期保持不良的姿势，会使人体的脊柱偏离正常的位置而造成关节周围的韧带松弛。在不良姿势的基础上进行运动，效果会适得其反。此外，当身体出现姿势异常时，全身的骨骼肌肉系统需要额外消耗更多的能量，导致血液循环不畅，骨骼缺乏营养，极易造成运动损伤。姿势异常也会影响内脏功能，如肺活量下降、脑部血流量减少，从而影响大脑营养的供应，容易出现注意力不集中、疲倦等一系列亚健康问题。

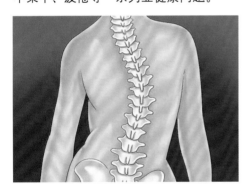

③ 不良身体姿势影响心理健康

青少年的心理健康问题是众多父母比较关注的问题之一，如今激烈的竞争形势，以及复杂的社会关系已经不可避免地影响到儿童的心理健康。身体姿势问题会间接影响到青少年的心理健康，而身体的姿势问题是可以通过科学的身体评估结合运动康复手法得到改善的，从这个层面来看，我们更应该关注青少年的身体姿势发展情况。

身体姿势反映了人体肌肉、骨骼、神经系统与内脏等各方面器官的力学关系。正确的身体姿势不仅能保证各器官功能的正常运转，使身体机能处于稳定的状态，还能体现个人的整体形象和精神面貌。常见的不良姿势，如含胸驼背会使整个人看起来更矮，也容易使孩子产生自卑感，如果孩子出现O型腿、X型腿甚至还超重的情况，往往更容易引起同学的嘲笑，甚至还会被同学起绰号。这些都会在一定程度上影响青少年的身心发育，轻者出现自卑或焦虑，重者可能出现自闭或抑郁等心理问题。青少年身体如果长期维持着不良的姿势加上平时又缺乏运动，不仅身心健康得不到全面的发展，而且可能会影响到自己在班级里的人际关系，严重的会导致青少年时期人格发展不健全，最终影响一生的发展。

4 不良身体姿势影响学习

当人体维持不良姿势时，全身的肌肉状态会出现力学失衡，有些区域出现肌肉短缩，有些区域的肌肉被拉长，这些情况都会影响身体动作的有效性。

如果身体因为各种代偿姿势出现局部过劳，那么伴随而来的便是各种慢性疼痛。

不良的身体姿势还会导致骨骼的排列不佳，不符合生物力学的关节力线会影响运动的有效性，也会导致关节出现更多的慢性磨损。只要四肢产生动作就有影响，全身骨骼肌肉系统与各个器官的工作效率都会下降，由此进一步影响大脑营养的供应，从而引起记忆力下降、注意力不集中等一系列亚健康问题。

5 不良身体姿势容易诱发慢性疼痛

不良的身体姿势很容易导致身体出现姿势固化，固化的身体姿势会导致身体局部功能的退化，进而影响相邻关节过度参与身体的日常活动与体育锻炼，久而久之就容易形成腰椎局部过劳。

例如，最常见的呼吸障碍类型中的胸式呼吸，这种呼吸模式容易导致肋骨的下半段出现过度外扩的运动，从而出现肋骨外翻。肋骨外翻也是很常见的体态问题，肋骨外翻直接影响吸气的最主要肌肉——膈肌，导致膈肌长期处于被拉长的状态，进一步干扰呼吸过程中的吸气能力。胸式呼吸主要表现为吸气量集中在上肺部，但是安静状态下的腹式呼吸需要下肺部参与，下肺部的参与度直接影响到吸气的主要肌肉膈肌的工作能力。膈肌向下降的高度会让腹部产生压强，这种压强会保证脊柱获得稳定，而错误的胸式呼吸模式伴随肋骨外翻就会导致膈肌功能下降，从而间接导致腰椎丧失应有的稳定性。身体产生动作的过程中，腰骶无法维持应有的功能，最终出现腰椎过度伸展的姿态。

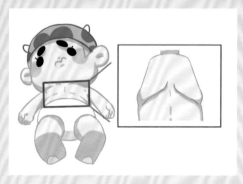

也就是说，不良的身体姿势可以导致周围的软组织出现姿势固化，影响局部关节功能，最终导致相邻区域的关节或软组织被过度使用。长期过劳的组织与关节则更脆弱，也更容易发生应力性损伤，甚至会出现慢性疼痛。

Q 为什么要在体育锻炼之前进行体态矫正？

A 很多人在刚开始接触体育训练时，会关注训练的强度、时间及饮食等，恰恰忽略了最基本的体态问题。身体姿势是每个人在生活中的习惯性姿势，信息社会的副产品就是让很多人被迫长期久坐且缺乏运动，这样的生活方式很容易造成身体某些特定部位的肌肉或筋膜组织紧张，甚至使关节活动度逐渐下降。再加上一些不良的身体姿势，会进一步导致身体的局部组织出现力学失衡——有些部位的肌肉过于发达，而有些部位的肌肉异常薄弱。

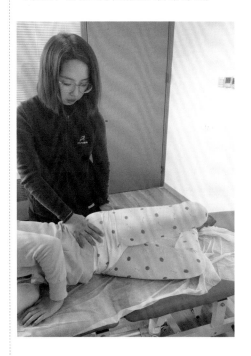

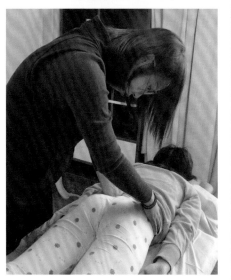

  繁重的学业使很多青少年需要长期坐着，如果坐姿不端正就容易诱发各种体态问题，青少年的体态问题往往是长期的不良身体姿势导致的。这些不良的身体姿势并不会影响人的正常生活，但如果在这个时候进行一定强度的运动和力量训练，不良的身体姿势就更容易诱发身体出现代偿性动作，最终导致身体出现损伤。

  众所周知，身体两侧肌肉是对称的，如果训练时不能让身体处于中立位，那么会使两侧肌肉失衡，两侧或前后身体部位分担的力量负荷不平衡，肌肉容易损伤，长此以往会造成关节损伤等严重问题。因此，对于要接触力量训练或中等以上强度运动的人来说，准备姿势和训练时的动作规范是最基本也是最重要的。

　　正确的身体姿势没有绝对的范例，但至少有三个大的基本标准。一是对称，虽然说人体并不是绝对意义上的左右对称，但一般用肉眼看，是可以近似地认为是对称的。如果有关节位置不对称、重心偏左偏右、高低肩、骨盆不在中立位等现象，那么说明是有体态问题的。有一侧承受过大的负荷，可能因此增加损伤的概率。二是能量使用最经济，人类的任何动作都会消耗能量。越是严重的体态异常，消耗的能量其实越多，因为异常体态增加了不必要的力矩，需要额外的能量去平衡。三是连贯流畅均匀，如走路时，动作不连贯，或者晃动幅度过大，都意味着体态可能存在问题。

第四节
影响身体姿势的因素

　　影响身体姿势的因素比较多，主要与自身结构、生活环境及工作等因素相关性较大。每个人都有属于自己最惬意的姿势，但并不意味着它是一个正确的姿势。不良的姿势会使脊柱、肩关节、髋关节、膝关节、踝关节及相关的肌肉出现力学问题。因姿势不正诱发的脊柱侧弯是比较常见的问题。高低肩、骨盆前倾或侧倾甚至是不良的腿型都会影响个人的整体形象。归根结底，影响体态的因素主要有以下几个方面。

1 不良习惯

　　错误姿势是健康的杀手，如上课或写字的时候弓着背、单侧背书包、看书托腮、跷二郎腿、曲身躺、低头玩手机等，这些动作都会导致姿势异常，进而引起身体各区域关节与软组织出现力学失衡。在疼痛等症状出现之前，我们往往意识不到身体已经出现了问题，我们从小养成的不良姿势习惯，甚至需要花费更多的时间来改正它。这些都是因为我们对不良姿势的成因和危害没有深刻的认识，而家长和老师也没能及时发现孩子的姿势问题，因此没有进行正确的引导，当今学校也缺乏相关的知识普及。有的时候，即使我们知道姿势不正确，却下意识地贪图舒服，一旦从小养成习惯便难以改正。坏习惯的养成只需要一时，想要通过科学的指导并矫正过来往往需要花费更多的时间和精力。

2 缺乏运动

　　现在的青少年光是应付学习就已经占据了绝大部分时间，运动时间基本被剥夺了。青少年时期的身体正处于发育阶段，必要的体育活动能提高身体素质并形成更健硕的体格。骨骼与肌肉力量的发展情况则直接关系到全身关节的功能质量甚至关系到一生的身体素质水平，而运动则是促进青少年身体素质与体格发育的重要因素。

科学研究表明，适当的体育活动可以提升身体的柔韧性、肌肉力量、协调能力等，对形成良好的身体姿势有积极的作用。青少年时期长期缺乏运动将引发身体的肌肉、骨骼与关节发育不均衡，从而导致身体更容易出现姿势异常。因为缺乏科学的运动指导，也没有足够的时间进行规律性的锻炼，导致我国很多地区的青少年出现肥胖症。这些孩子的身体正处于成长期，如果体重超标，除影响身高外，还会增加脊椎的负担，也更容易产生不良姿势，并且长大后的身体健康状态也会深受影响，肥胖人群患糖尿病、高血压的风险更大。

此外，尽管有些青少年没有肥胖症，但身体却很纤瘦，太瘦的人往往肌肉含量过低，极易出现驼背等异常姿势。

因此，想要获得良好的体态，结合科学的运动是必不可少的，建议每周至少进行3次运动。维持规律且科学的运动方式不仅可以预防身体出现不良姿势，还可以有效改善不良的体态问题，让身体发育正常而且可以全面提高身体素质，这些都是让你拥有高质量生命的基本要素。

③ 生理改变

如果孩子在青春期身体出现不良的姿势，那么不良的体态也会随着身体的发育出现惊人的变化。青少年处于快速的生长发育阶段，骨骼生长较快，肌肉相对落后，骨骼没有肌肉的支撑，就像没有打好地基的大楼，容易出现问题。

青少年的骨骼没有发育成熟，比较柔软容易变形。如果还进行非对称运动，如羽毛球、乒乓球等，这些运动项目会使身体左右发育失衡。此外，单肩背书包也容易导致身体出现单侧承重较大，这些都会使骨骼出现变形。有些处于青春期的女孩子第二性征出现得早，为了让隆起的胸部看起来比较小而维持含胸的姿势走路，久而久之便养成含胸的习惯，最终导致驼背。青春期是每个人的必经之路，这个时期身体所发生的生理改变是客观存在的，除了正视它，还必须养成良好的学习和生活习惯。

4 家庭和学校因素

目前，我国除了义务教育外最应该重视的是青少年身体素质的全面发展，但是它并没有得到学校和家长的足够重视，导致青少年身体素质下降。造成这种局面主要缘于当代的生活方式，也缘于学校和家长在观念上不够重视。

首先，信息社会的飞速发展直接改变了人们的生活方式，许多学生业余时间除了看电视或玩手机外，很少外出运动。其次，学校重视"升学率"，大多数家长"望子成龙、望女成凤"，"知识可以改变命运"的观念占主导地位，这些因素直接导致学校与家长一切围绕"升学"，最终忽视了发展青少年的身

体素质，也错过了培养运动能力的关键时期。不仅如此，许多家长为了提高孩子的学习成绩，课外时间还会给孩子报各种学习班，因此孩子基本没有业余时间，也无法参与相应的运动项目。青少年时期正是培养身体各项素质的黄金时期，在合适的时候进行相关的素质训练，除了发展学生的体格外，还能养成其终身锻炼的习惯。

此外，家长错误的身体姿势也会潜移默化地影响孩子。特别是童年时期，这个阶段的孩子最善于模仿，都说孩子是父母的缩影，很多不良身体姿势都能折射出家长的生活习惯。因此，父母让自己保持良好的身体姿势是非常有必要的，这样才能高效引导孩子养成良好的生活习惯。除了在家，孩子在学校待的时间最长，学校的环境对于孩子而言尤为重要，学校的课桌、椅子均是统一尺寸，学生无法按照身高选用适合的桌椅，这是青少年出现脊柱异常的因素之一。现在的孩子生长发育差异大，有的孩子个子长得快，课桌过低会导致该学生的脊柱出现后凸，最终形成驼背；有的孩子发育缓慢，课桌相对过高，则会使学生出现耸肩，导致肩背痛。如果身体长期偏于一侧，最终导致学生脊柱两侧韧带和肌肉功能失去平衡而形成身体脊柱侧弯。再者，椅子高度不合适，对骨盆、腰椎等也同样会有不良影响。

Q 上交叉综合征的体态会产生哪些问题？

A 上交叉综合征是指由于长时间低头伏案，或者过度锻炼胸部肌肉（忽视背部肌肉锻炼且不进行胸部肌肉拉伸）造成的肌肉不平衡（主要指胸大肌过紧及缩短，菱形肌和斜方肌中下束被拉长），形成头部前倾（颈曲变小或变直）、含胸（圆肩）、驼背（胸椎曲度增加）、肩胛骨耸起等不良体态。

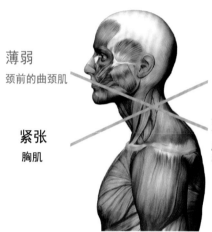

薄弱
颈前的曲颈肌

紧张
斜方肌
和肩胛提肌

紧张
胸肌

薄弱
后背的菱形肌
和前锯肌

（1）不美观：含胸、驼背等不良姿态。

（2）肌肉功能丧失，运动能力下降：含胸、驼背不仅导致肩部肌肉紧张酸痛，还会使胸腔容积变小，导致肺活量变小，甚至会出现呼吸不畅、心慌胸闷。

（3）压迫颈椎：头部前倾，导致颈椎曲度变小甚至消失，会压迫颈椎之间的神经，导致手臂麻木，严重的会引起头痛，甚至会出现脑供血不足。

张同学，13岁

【主诉】体态异常，圆肩驼背（上交叉综合征）

【评估】双侧肩胛骨外扩，肱骨内旋；颈椎曲度变直，头前移；胸椎曲度过大，驼背；脊柱灵活性弱，肋骨外翻。

【处理】ST手法松解枕后肌群，改善颈椎肌肉状态；肩胛骨关节松动，肩关节动态拉伸，改善肩胛骨活动度；菱形肌中下斜方肌激活，肩胛骨稳定性训练，改善圆肩体态；脊柱功能性训练，核心力量激活，改善驼背状态，降低腰椎负荷。

【结果】肩胛骨位置回正，肋骨外翻回正，圆肩驼背明显改善。

康复前

康复后

第二章
常见的不良姿势

生活中多多少少都会出现一些不良姿势，有一些不良姿势出现得悄无声息，让我们难以察觉。大多数时候，我们都能注意到一些不良姿势，却没有引起重视。第一章已经介绍了不良姿势的影响，我们应该对其引起重视，但是大家又有疑惑了，如何对常见的不良姿势进行干预呢？可以看看以下的案例。

◆◇主诉

女，年龄，12 岁。小时候练习舞蹈时，有过腰部拉伤；脊柱明显侧弯一年多；做过美式整脊，戴过半年多的模具，无明显改善；常进行中医推拿按摩，也无明显改善。

◆◇初期评估

肩膀左高右低，肩胛下角左高右低；髂前上棘右高左低；脊柱自第9胸椎到第4腰椎左侧弯，伴随右侧旋转，以第12胸椎为中心右侧骨盆前旋；双侧肋骨胸廓严重变形，左侧高隆，右侧肋骨塌陷（右侧腰段垂直高度10cm，左侧7cm）。

◆◇影像诊断

脊柱以第12胸椎为中心左凸侧弯，部分椎体旋转，脊柱后凸不明显，颈椎略反弓，胸腰椎曲度可见。

◆◇康复治疗

ST手法+胸廓整复手法：改善肌肉柔韧性与延展性；激活胸廓周围软组织；纠正肋骨与胸廓的形态和位置。

◆◇结果评估

第7次治疗后，脊柱两侧肌肉弹性与延展性改善，右侧肋间隙打开，肋骨形态朝正常方向改善（右侧腰段垂直高度11cm，左侧9cm）。

◆◇康复治疗 ∨

ST手法康复，同时介入康复训练，调整体态，激活强化胸廓脊柱周围的肌肉，建立正确的运动模式。

◆◇结果评估 ∨

第14次治疗后，脊柱两侧肌肉弹

性与延展性进一步改善，胸廓脊柱周围的肌肉激活，右侧扁平畸形的肋骨已经凸起一大部分，椎体的旋转角度明显改善，侧弯角度明显减小（右侧腰段垂直高度11.5cm，左侧10cm）。

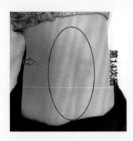
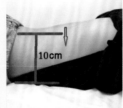

§备注§

ST手法是一种以调节肌肉为基础，调整血液循环为核心的康复技术。

通过以上案例可以看到，引起不良姿势的原因有很多，人体是一个整体，不良姿势往往不会单独出现，在矫正之前需要进行专业的评估，再去制定和采取适合的治疗方式。接下来，我们将重点介绍生活中常见不良姿势的引起原因、危害，以及自我评估方法和矫正方法。请大家从椅子和沙发上站起来对自己进行一个评估和矫正吧！

关键词——中立位

第一章中提到的人体站立的标准姿势。

第一节
头位不正

1 现象

身体处于自然放松状态时，头部未处于中立位，经常歪着脑袋。

② 评估

处于自然放松状态，双臂自然下垂，观察两耳垂的高度是否等高或者下巴是否在人体的正中位，若两耳垂高度不一致或者下巴不在人体的正中位置，有左右偏移的现象，说明存在头位不正的情况。

§ 小提示 §

在观察耳垂高度时，如果两侧有头发，需要将头发梳起，避免用自己的双手抓住头发进行评估，这样会影响头的位置，影响评估结果。

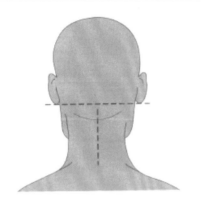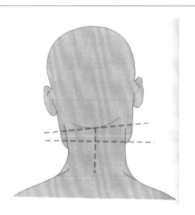

③ 成因

1）先天性斜颈

先天性斜颈是指出生后即发现颈部向一侧倾斜的畸形状态。其中，因肌肉病变所致者被称为肌源性斜颈；因骨骼发育畸形所致者被称为骨源性斜颈。先天性斜颈的真正原因至今仍不明了。临床表现为颈部肿块、斜颈、面部不对称和其他并发症等。其治疗方法分为非手术疗法和手术疗法两种。

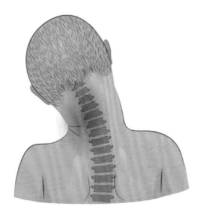

2）不良姿势

睡觉的时候头总是偏向一侧，经常单侧背包，看书或做作业的时候歪着脑袋，打电话时头部长时间偏向一侧等。青少年的骨骼没有发育成熟，比较柔软，长时间维持一个姿势，导致左右头颈部肌肉力量与柔韧性不平衡，很容易使其骨骼变形，导致姿势异常。

4 危害

长时间歪着脑袋，会造成颈部两侧的肌肉用力不平衡，歪着的一侧肌肉紧张缩短，导致肌肉功能下降，单侧肌肉一直处于紧张状态，会进一步影响身体的新陈代谢，也容易导致脖子酸痛。另一侧的肌肉被拉长且出现肌肉无力的现象，这会导致颈部活动受限，颈肩部不适，严重的会导致偏头痛、压迫颈部神经，甚至会出现记忆力下降的现象，从而影响学习效果。

5 哪些肌肉出现了问题

当发生头位不正时，我们的头会倾斜向另一侧，头往哪侧倾斜，哪侧的颈部肌肉就是被缩短且紧绷的，肌肉维持在缩短的状态，就会拉着头往一侧倾斜。

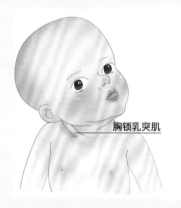

胸锁乳突肌

斜颈

那么脖子侧面被缩短的肌肉都有哪些呢？

（1）首先是上斜方肌，它是人的表层肩膀上凸起最明显的那一块肌肉，从我们的枕后上部颈椎一直连到肩膀的最外侧顶端，当它被拉紧时，头就会往同侧倾斜。

（2）同样地，发生头位不正时，会缩短的肌肉还有斜角肌，它是一块深层的肌肉，从我们的颈椎旁斜向下走行，止于我们最上方的肋骨上，当它被拉紧时，头也会往同侧倾斜。

（3）最后一块肌肉是胸锁乳突肌，这块肌肉相对于其他肌肉来说位置稍微复杂一点。不过我们也可以很轻松地在身体上找到它：试着把你的头旋转向一侧，这时候你会发现，脖子正面有一条"筋"绷起来了，这就是胸锁乳突肌。胸锁乳突肌是一条从颈部绕着脖子到同侧耳朵后面的肌肉，主要就是负责转头运动，当发生头位不正时，这块肌肉也会向同侧稍稍缩短。

同理，倾斜侧的脖子侧面肌肉被缩短了，另一侧的就会被拉长。

6 自我纠正方案

当出现头位不正时，可以先尝试通过自我纠正方案来纠正头位。

（1）需要改正不良的坐姿、站姿和睡姿。

（2）避免使用单肩背包，最好选择一款合适的双肩包，以避免因长期背单肩包造成肩膀倾斜，从而导致头位不正。

自我纠正方案只能纠正我们的日常姿势，无法还原已造成的头位不正，此时我们需要通过一些具有针对性的训练方案，帮助我们解决头位不正这一现象。

1）拉伸颈部侧面肌肉群

动作规格 头部保持中立位，缓慢地向一侧伸展，拉伸紧张的肌肉，直到感受到肌肉的牵拉感，逐渐增加牵拉的力度。

动作要点 采取坐姿或者站姿，身体保持直立，牵拉颈部肌肉。对侧手可以放在紧张侧耳朵的上方头部，辅助其牵拉，同侧手可以扶住椅子边缘，压在大腿下方，或者在保持身体直立的情况下双脚尽可能地接触地板，以使身体保持正直。

训练要领 频率：每次保持10s，重复3~5次，1~3次/天。

呼吸：牵拉时向外呼气，放松时吸气；换对侧。

常见错误 头未保持在中立位，有旋转或者低头和仰头动作，未收下巴；出现耸肩动作；躯干旋转。

2）拉伸颈部后面肌群

动作规格 头部保持中立位，目视前方，向一侧转头45°后缓慢向下低头，直到感受到牵拉感，逐渐增加牵拉的程度。

动作要点 可以采取坐姿或者站姿，身体保持直立，牵拉颈部肌肉。对侧手可以放在紧张侧的后脑勺，辅助其牵拉，同侧手可以扶住椅子边缘，压在大腿下方，或者在保持身体直立情况下双脚尽可能地接触地板，以使身体保持正直。

训练要领 频率：每次保持10s，重复3~5次，1~3次/天。

呼吸：牵拉时向外呼气，放松时吸气；换对侧。

常见错误 低头时有含胸动作，出现耸肩动作，躯干旋转。

3）松解颈部肌群

动作规格 坐姿，头部保持中立位；右手的中指和食指按压在左侧肩膀的肩井穴上（肩缝与颈椎的中点），头部向右侧慢慢侧屈至最大位置，再慢慢回复到中立位；坚持到规定的次数。

动作要点 按压的力只要让左侧颈部感觉有中等酸痛感即可；侧屈时让耳朵去靠近肩膀。

训练要领 频率：15~20次/组，3~5组/天。

呼吸：侧屈时呼气，回复时吸气。换对侧。

常见错误 动作过快；按压力量过大。

4）激活颈部肌群

动作规格　坐立姿，挺胸收腹，保持颈椎中立位，目视前方；右手掌按住右侧耳朵上方，慢慢向左侧推头部，右侧颈部发力且保持头部不动，坚持到规定的时间。

动作要点　颈部的发力与手推的力相等即可，过程中始终保持头部稳定；也可以用一块毛巾放于右侧耳朵上方，左侧手拉住毛巾，保持头部不动。

训练要领　频率：每次保持30s，1~3次/天。

呼吸：均匀呼吸即可。换对侧。

常见错误　头部有旋转，侧屈，低头。

5）加强颈部肌群力量

动作规格　侧卧在垫子上或床上，身体左侧朝上，右侧手垂直于身体向前伸直，左侧手屈肘支撑于胸前，保持上半身中立位，目视前方，屈髋屈膝135°左右；头部慢慢向左侧抬起至最大位置后慢慢下落到中立位，坚持到规定的次数。

动作要点　不要向前低头，肩胛骨后缩，骨盆保持中立位。

训练要领　频率：15~20次/组，3组/天。

呼吸：向上抬头时呼气，回复时吸气。换对侧。

常见错误　过程中有转头动作，动作过快，有含胸动作。

6）颈部肌群训练

（1）侧卧位弱侧肌群抗阻训练。

动作规格　颈部弱侧肌群朝上侧躺，胳膊放在舒适的位置，使头部侧屈，耳朵靠近肩部，进行颈部侧屈抗阻练习。

动作要点　收下巴以保护颈椎，肩胛骨内收；初始训练应在头下放置枕头和毛巾卷，进阶时可以撤掉枕头和毛巾卷，以增加运动幅度，进一步进阶时则可以放置沙袋和弹力带。

训练要领　频率：8~12次/组，3组/天。

呼吸：侧屈抬起头部时呼气，放松时吸气。

常见错误 头未保持在正中位，有旋转或者低头和仰头动作，未收下巴；出现耸肩动作；躯干旋转。

（2）站立位弱侧肌群抗阻训练。

动作规格 弹力带放置与前额水平，弹力带可以固定在门上、横杠上或者由治疗师固定，然后头向弱侧侧屈，使耳朵贴近肩膀。

动作要点 不要耸肩，使肩下沉，想象将其放在屁股后侧的口袋内，肩胛骨向内收，头和脖子应始终保持中立位，没有低头和旋转。

训练要领 频率：8~12次/组，3组/天。

呼吸：侧屈抬起头部时呼气，放松时吸气。

常见错误 头未保持在正中位，有旋转或者低头和仰头动作，未收下巴；出现耸肩动作；躯干旋转。

第二节
探头

① 现象

身体处于自然放松状态时，脖子向前探，头部明显位于躯干的前方。

② 评估

在自然放松站立时，从侧面看，头部中心点位于肩膀中心点的前方，下巴未内收。

③ 成因

1）不良姿势

使用较高的枕头，使头部过度向前伸。不良的坐姿和看书习惯，眼睛近视后没有及时配戴眼镜，导致看书时头不自觉地向前探。

2）颈部肌肉不平衡

青少年背部的肌肉，尤其是深层稳定肌，如颈深屈肌、颈深伸肌下段松弛无力，而颈部屈曲的肌肉及胸大肌、胸小肌肌肉力量相对紧张有力。

4 危害

正常人颈部的生理曲线是向前凸的，颈部的骨头由7块颈椎骨相互契合组成。正常情况下，颈椎骨周围的肌肉韧带使颈部保持正常的生理曲线，从而展现出优美的姿势。经常保持不良姿势会损伤颈部周围的组织，头前伸使颈部呈现屈曲位，从而展现"乌龟脖"的姿态。

"乌龟脖"会增加颈部的受力，使

颈部肌肉紧张、痉挛，颈椎后侧的韧带会始终处于牵拉状态，颈部出现充血、肿胀、肥厚乃至钙化，有可能会引起颈椎后骨膜下出血和新骨形成，导致椎管狭窄，出现大脑供血不足、头晕、恶心等症状。

长时间头部前伸容易使肌肉功能减弱，让肌肉一直处于紧张的状态，导致代谢废物无法排出，脖子经常酸痛。头部前伸会影响呼吸肌的功能，使呼吸力量减弱，严重时会使肺活量下降30%以上。肺活量下降，氧气供应不足，就会出现大脑缺氧的情况。这也是很多青少年经常头晕、记忆力差、上课注意力不集中的原因之一。

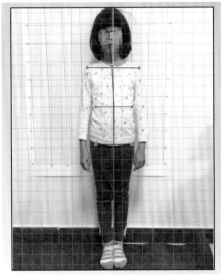 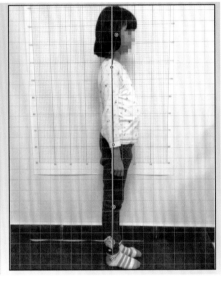

5 哪些肌肉出现了问题

一般头往前探的人，为了视线能保持平视而不低头，后颈部边都会形成一些褶皱，并且脖子后方有被挤压的感觉。因此，后颈部的肌肉就会被缩短，而前颈部的肌肉被拉长。下面我们来看看探头时后颈部的哪些肌肉会被缩短。

（1）首先被缩短的是我们肌肉的"老大"：上斜方肌。为什么说它是老大呢？因为斜方肌太大了，光是上斜方肌就覆盖了一半的后颈部，颈部出现问题时常需要老大替底下的深层小肌群们扛着，所以上斜方肌也经常会紧张。探头被缩短的颈后肌群里，它是最大最宽的。

（2）肩胛提肌：听这个名字可能不太容易记住，但是肌肉的命名都有其特点，如肩胛提肌这个名字就是依据它的作用来命名的。提肩胛骨的肌肉，简称肩胛提肌。既然是提肩胛骨的肌肉，它和探头有什么关系呢？其实探头和肩胛骨并没关系，探头是从肩胛骨向上连于颈椎上部，所以它也是组成后颈的一部分，同样地，探头会使它缩短。

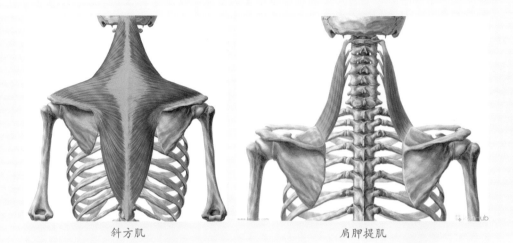

斜方肌　　　　　　　　　　　　肩胛提肌

（3）最后是一些深层的小肌群，包括颈半棘肌、头半棘肌、头夹肌、颈夹肌等，都是一些从颈部向下走行于后颈部的肌肉。

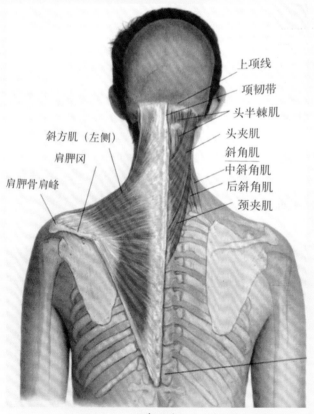

上项线
项韧带
头半棘肌
头夹肌
斜角肌
中斜角肌
后斜角肌
颈夹肌

斜方肌（左侧）
肩胛冈
肩胛骨·肩峰

颈部肌肉

6 自我纠正方案

当出现探头时，可以先尝试通过自我纠正方案进行纠正。

（1）改正不良的坐姿，养成良好的看书姿势，及时佩戴眼镜。

（2）改正不良的睡姿，调整合适的枕头高度。

自我纠正方案只能纠正我们的日常姿势，无法还原已造成的探头。此时，我们需要通过一些具有针对性的训练方案，帮助我们消除探头这一现象。

1）拉伸颈后肌群

动作规格 坐立位，下巴微收，双手放于头后枕骨上，慢慢向前下方发力，下巴靠近胸部，直至颈后肌群有中等强度的拉伸感，保持到规定的时间。

动作要点 肩胛骨要后缩下沉，背部要保持挺直，不要含胸。

训练要领 频率：每次保持10秒，重复3~5次，1~3次/天。

呼吸：拉伸时呼气。

常见错误 耸肩，下巴未内收。

2）拉伸颈前肌群

动作规格 坐立位，保持头部中立位，慢慢向上仰头，眼睛徐徐看向天花板，感觉到颈前肌群有拉伸感，双手手掌从前侧托住下巴往上发力，直至颈前肌群有中等强度的拉伸感。

动作要点 推下巴的过程中肩胛骨后缩下沉稳定。

训练要领 频率：每次保持10s，重复3~5次，1~3次/天。

呼吸：向上拉伸时呼气。

常见错误 身体后仰，耸肩。

3）颈后肌群激活

动作规格 坐立位，挺胸收腹，目视前方，下巴微收；双手交叉放于头后，双手向前发力，颈部向后发力，保持颈部中立位，感受颈后肌群有明显发力感，保持到规定的时间。

动作要点 肩胛骨要保持稳定，不要含胸。

训练要领 频率：15~20s/组，3组/1天。

呼吸：保持均匀呼吸即可。

常见错误 耸肩，含胸。

4）肩胛骨后缩训练

（1）俯卧——"W"字形。

动作规格 俯卧于垫上，双肘打开，屈肘90°，与躯干形成"W"字形；双侧肩胛骨向内向下收紧，双臂抬起2~3cm，保持3~5s；回到起始姿势，完成规定次数。

动作要点 注意保持腹部收紧，拇指向上，肩胛骨向下向内收紧后抬起手臂。

训练要领 频率：6~8次/组，3~5组/天。

呼吸：用力时呼气，放松时吸气。

常见错误 肩胛骨未向下向内收紧；耸肩。

（2）俯卧——"T"字形。

动作规格 俯卧于垫上，双臂外展，与躯干形成"T"字形；双侧肩胛骨向内向下收紧，双臂抬起2~3cm，保持3~5s；回复到起始姿势，完成规定次数。

动作要点 注意保持腹部收紧，拇指向上，肩胛骨向下向内收紧后抬起手臂。

训练要领 频率：6~8次/组，3~5组/天。

呼吸：用力时呼气，放松时吸气。

常见错误 肩胛骨未向下向内收紧，耸肩。

第三节
高低肩

 现象

两侧肩膀高低不一样，左侧高，右侧低，或者右侧高，左侧低。

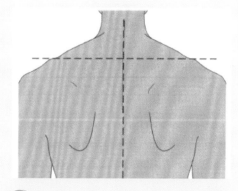

② 评估

在自然放松站立时，从前面或者后面观察两侧肩峰（肩峰：肩膀最外侧骨性标志点）是否等高，如果不在同一水平高度，说明存在高低肩。

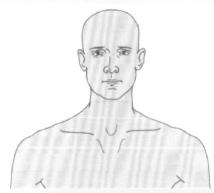

③ 成因

1）不良姿势

不良坐姿，在写作业的时候没有端正姿势，养成了一肩高一肩低的习惯。

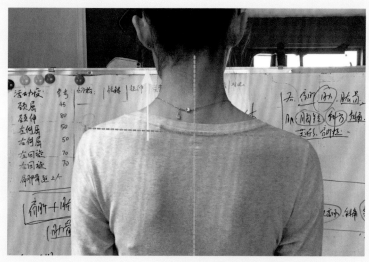

高低肩

2）不良习惯

经常单侧背包，这种情况容易导致该侧肩膀不由自主地耸起，或者有时候肩部为了阻止单肩包的背带下滑也会出现耸肩的姿势。类似的耸肩姿势会使该侧肩部、颈部的肌肉处于紧张收缩状态，从而导致高低肩。

3）不科学的训练

肩膀长时间维持高度不一致的姿势或进行单侧主导的专项训练，如乒乓球、某些特定的舞蹈动作等，加上训练后缺乏及时的肌肉放松，导致该侧肩膀的肌肉力量较大，相对更紧张，最终出现高低肩。

4 危害

高低肩是由颈肩部一侧肌肉过于紧张，另一侧松弛无力导致的。长时间高低肩，必定会带来肩部疼痛和颈部疼痛。

5 哪些肌肉出现了问题

非先天性原因造成的高低肩通常是肌力的不平衡导致的，一侧肩胛骨会高于另一侧，从视觉上看就是两边的肩膀不一样高，这其实是有一侧肩胛骨的上提肌群过分紧张造成的。

被缩短紧张的肌肉包括以下两种。

（1）肩胛提肌：当人们经常性地把一侧肩膀抬高时，肩胛提肌就会拼命地进行收缩，让肩膀上提，从而完成人们背单肩包等动作。久而久之，它就像经常被压缩的弹簧一样，不能弹回到原来的长度而出现紧张，从而不能让上提的肩膀恢复到原来的位置上。

（2）上斜方肌：试着抬起你的一侧肩胛骨，会出现一个耸肩的姿势，这时去触摸一下你耸起肩膀的上部，是不是变得比之前更加紧张和僵硬了？这就是因为我们的上斜方肌也被缩短了，单靠比较弱小的肩胛提肌不足以提拉住较重的肩胛骨，所以上斜方肌会和肩胛提肌一起使肩胛骨上提。

6 自我纠正方案

当出现高低肩时，可以先尝试通过自我纠正方案进行纠正。

（1）需要改正不良的坐姿。

（2）避免使用单侧背包，如果习惯使用单肩包，可以左右肩轮换背；最好背双肩包，选择背带较宽的背包可以减轻肩膀局部的重量。

（3）需要增加练习和训练的多样性，避免单一的训练和体育项目。

自我纠正方案只能纠正我们的日常姿势，无法还原已造成的高低肩。此时，我们需要通过一些具有针对性的训练方案，帮助我们解决高低肩问题。

1）背部肌肉拉伸（以肩膀右高左低为例）

动作规格 站立姿，左手从头顶绕过屈肘搭在右侧肩膀上，右手从头顶绕过拉住左手肘关节外侧，慢慢向右侧拉伸，直至左侧背部有中等强度的拉伸感，保持到规定的时间。

动作要点 拉伸时，躯干可以微微含胸向左侧屈，充分拉伸背部肌肉；骨盆保持稳定。

训练要领 频率：20~30s/组，3~5组/天。

呼吸：拉伸时呼气。

缘，压在大腿下方，或者在保持身体直立的情况下尽可能地接触地板，以使身体保持正直。

常见错误 含胸过大；被拉伸侧的手臂有伸直动作。

训练要领 频率：每次保持10s，重复3~5次，1~3次/天。

呼吸：牵拉时呼气。

常见错误 头未保持在正中位，有旋转或者低头和仰头动作；未收下巴；出现耸肩动作；躯干旋转。

2）拉伸颈部肌群

动作规格 头保持正中位，缓慢地向一侧伸展，拉伸紧张的肌肉，直到肌肉有牵拉感，逐渐增加牵拉的程度。

动作要点 可以采取坐姿或者站姿，身体保持直立，牵拉颈部肌肉；对侧手可以放在紧张侧耳朵的上方头部，辅助其牵拉，同侧手可以扶住椅子边

3）放松肩部肌群——肩环绕

动作规格 身体保持正直，双手搭在肩上，做环绕动作。

动作要点 在不引起疼痛的情况下，尽可能最大范围地进行环绕。

训练要领 频率：顺时针8次，逆时针8次，共做3~5遍。

呼吸：正常呼吸即可。

常见错误 耸肩，下巴未内收。

4）放松肩部肌群——耸肩训练

动作规格 身体保持正直，双上肢放松并放于体侧，缓慢耸肩保持1~2s，再缓慢下沉肩膀，重复上述动作。

动作要点 在不引起疼痛的情况下，尽可能地增大运动幅度。

训练要领 频率：10~12次/组，3~5组/天。

呼吸：用力时呼气，放松时吸气。

常见错误 下巴未内收。

第四节
圆肩

① 现象

　　身体处于自然放松状态时，肩膀呈圆形状，肩部向前凸，双手自然放置于身体两侧，双手掌心朝向身体后方。

② 评估

　　在自然放松站立时，从前面观察肩关节向前，观察手的位置，如果可以看到手背的大部分面积，通常说明肩关节有内旋，往往伴随着圆肩的现象。

在自然放松站立时，从侧面观察肩膀与肩胛骨向前，含胸并呈圆形状。当身体自然靠墙站立的时候，肩部不能完全平贴在墙面上。

在自然放松站立时，从后面观察上肢位置，是否能看到手掌心，如果可以看到手掌心的大部分面积，通常说明肩关节有内旋，往往伴随着圆肩的现象。

同样的姿势，从而形成圆肩的体态。

3 ▶ 成因

1) 不良坐姿

座椅偏高、课桌偏高等容易使青少年不得不伏案写字、看书等。而上身过度向前，胳膊长期处于身体前方，一直保持

2) 心理因素

处于青春期的女孩，第二性征出现得较早，为了使隆起的胸部看起来比较小而故意含胸，久而久之就会养成含胸的习惯，形成圆肩。

3）不科学的训练

过早学习网球、蛙泳等项目，在高强度、长时间的练习下，缺乏牵拉放松肌肉的训练，导致胸部和肩部前侧肌群过于紧张，出现肌肉失衡的状态，从而形成圆肩的体态。

4 危害

圆肩，是指孩子的肩膀超过耳垂并呈现内旋，从侧面看肩部呈圆形状。圆肩是胸部的肌肉过于紧张、背部的肌肉相对拉长而无力造成的。圆肩不仅影响外在的形象，而且会引起肩部的不适，影响胸部的扩张，不利于心肺的生长发育。

5 哪些肌肉出现了问题

很多人都知道圆肩，但为什么会出现圆肩的现象，很多人可能就不太清楚。其实圆肩是由于肱骨的内旋引起

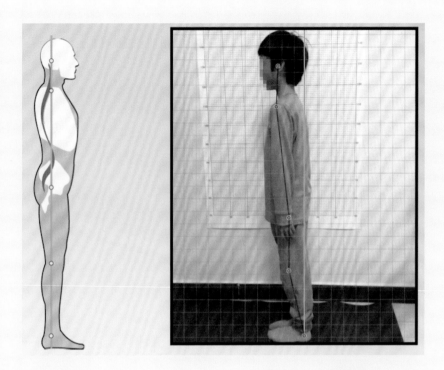

的，即肩膀往里扣，手臂往身体的方向旋转，手掌心朝向后方。

肱骨就是我们通常所说的大臂，它上连肩膀，下连小臂。因为我们的肩膀、前胸和背部很多肌肉都连在大臂上，所以当我们的肱骨发生内旋时，势必会使肱骨内旋的肌肉缩短。

被缩短紧张的肌肉如下。

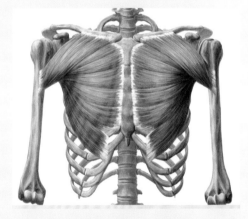

（1）胸大肌：我们平时说的胸肌其实就是胸大肌，它是一块从我们的身体上部正中向外到达肱骨上部的表层大肌肉，它在收缩时不仅会使肱骨内旋，还会使它内收，因此热衷于锻炼胸肌而较少锻炼外旋肌群的健身人士也会形成圆肩的体态。

（2）三角肌前束：在我们的上臂接近肩膀的地方，在做抬手臂的动作时会有一块三角形的肌肉膨隆起来，这就是三角肌。三角肌又分前束、中束和后束，每一束所起的作用都不同。其中起到肱骨内旋作用的是位于上臂前方的三角肌前束。

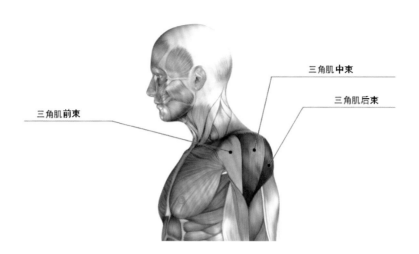

三角肌中束

三角肌后束

三角肌前束

（3）背阔肌：说到背阔肌，可能很多人会觉得很奇怪，肩膀往里扣时背面的肌肉应该被拉长，为什么位于身体背面的背阔肌会被缩短？其实这和背阔肌的走行和起止点有关系，因为背阔肌是从我们身体背后向前绕过腋窝止于大臂前面的，所以当背阔肌收缩时会使肱骨向内旋转。

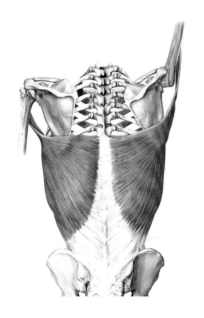

6 自我纠正方案

当出现圆肩时，可以先尝试通过自我纠正方案进行纠正。

（1）需要改正不良的坐姿，调整好桌子与椅子的高度，避免身体前倾。

（2）增强自信，认识到青春期的身体发育是正常的，应该正视，调整好心态，避免影响外在形象。

（3）完成运动项目前后，及时放松胸肌，减轻训练强度。

自我纠正方案只能纠正我们的日常姿势，已造成的圆肩无法恢复到正常状态。此时，我们需要通过一些有针对性的训练方案，纠正圆肩的体态。

1）胸部肌群拉伸

动作规格 双脚与肩同宽，一脚略向前，呈弓步，一侧上肢抬起放在墙面上，肩关节与肘关节成90°，身体保持正直向前倾并向对侧旋转，感受胸肌的拉伸。

动作要点　身体要保持正直，身体向前倾斜，旋转的角度逐渐增加以增加牵拉感；上肢可逐渐向上抬，高于头颈，肘关节可逐渐打开，使肌肉充分得到牵拉。

训练要领　频率：每个动作保持15s，3~5次/天。

呼吸：拉伸时呼气，放松时吸气。

2) 拉伸肩部

动作规格　采取站立位或者坐位，双臂侧平举，肩关节打开90°，双手呈竖大拇指状，肩关节外旋，使大拇指朝向后方，然后做振臂运动，使肩胛骨向内向下收紧。

动作要点　身体保持正直；保持拇指朝向后方；上肢作为整体进行运动。

训练要领　频率：12~15次/组，3~5组/天。

呼吸：用力时呼气，放松时吸气。

常见错误　身体未保持稳定。

3) 绕肩

动作规格　双脚与肩同宽站立，双手掌心相对握住一个横杆或者弹力带，放于身体前侧，手臂伸直，慢慢向前抬胳膊从头顶绕到身体后侧，然后慢慢回复到起始位置，做到规定的次数。

动作要点　过程中两个肩胛骨要后缩下沉，肩关节要做外旋动作，不要耸肩。

训练要领　频率：10~15次/组，3组/天。

呼吸：向后绕肩时呼气，回复时吸气。

常见错误　含胸，耸肩，手臂弯曲。

4）站姿肩外旋

动作规格 站立姿，双臂外展，与躯干呈L形，手掌朝下，小臂平行于地面；肩关节做外旋动作，直至小臂与地面垂直；回到起始姿势，完成规定次数。

动作要点 注意保持腹部收紧，肩胛骨后缩下沉；大臂始终与地面平行。

训练要领 频率： 15~20次/组，3~5组/天。

呼吸：用力时呼气，放松时吸气。

常见错误 耸肩，肩关节有内收外展动作。

5）肩胛骨推

动作规格　身体面对墙站立，大概一个手臂的距离，双手平行向前伸直推住墙面，肩胛骨后缩使躯干整体前移，然后肩胛骨伸展使躯干整体后推，做到规定的次数。

动作要点　过程中要保持挺胸，下沉肩膀，手臂伸直。

训练要领　频率：20次/组，3组/天。

呼吸：向后推时呼气，回复时吸气。

常见错误　含胸，耸肩，手臂弯曲。

6）靠墙站立

动作规格　靠墙站立，双手屈肘45°放于身体两侧，呈"W"字形，手掌朝前，整个手臂和手背都紧贴墙壁，坚持到规定的时间。

动作要点　肩胛骨保持后缩下沉，背部尽量贴住墙面，腰部保持与墙面一个手掌的距离。

训练要领　频率：3min/组；3组/天。

呼吸：均匀呼吸即可。

常见错误 耸肩，手背不能贴住墙面，背部不能贴住墙面。

第五节
驼背

1 现象

驼背表现为背部隆起，身体前探。

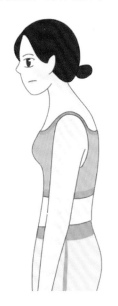

2 评估

在自然放松站立时，从侧面观察胸椎向后弯曲度明显增大。

3 成因

驼背和圆肩有许多相同的地方，圆肩主要是肩部的问题，驼背多是胸椎的问题，但是两者相互影响，共同存在。

1）不良姿势

不良坐姿，座椅偏高，课桌偏矮，使青少年不得不伏案写字、看书等，经常让上身过度屈曲且向前，由此就养成了驼背的习惯。还有一些如不良睡姿、"葛优躺"或躺在床上看书、玩手机等，也会引起驼背的体态。

2）心理因素

处于青春期的女生，较早出现第二性征，为了使隆起的胸部看起来比较小而故意含胸，这种习惯性的含胸也会使身体出现驼背的状态。

3）不科学的训练

过早从事专项运动又缺乏合理的恢复与再生训练，如许多持拍类项目（网球、乒乓球等）均是单侧肢体主导，过早专项化训练会导致胸部和肩部前侧肌群过于紧张，身体前侧与后侧，左侧与右侧均出现不平衡的现象。

4）脊柱侧弯

脊柱侧弯严重到一定程度时会形成驼背。脊柱侧弯是一种生理性病变，分为先天性和特发性两种。先天性的脊柱侧弯在出生后就因骨骼畸形出现侧弯；特发性的脊柱侧弯一般是后天不良的生活习惯造成的，一般到八九岁才会出现。到了生长发育高峰期，女孩十一二岁、男孩十三四岁开始加速，生长发育结束时减缓，这种脊柱侧弯占比80%以上。

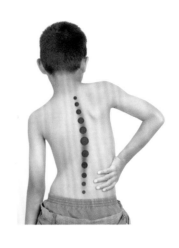

4 危害

驼背，是指胸椎过度后凸，胸部肌肉和肋部肌肉紧张、缩短，背后肌肉力量薄弱无力，导致肌肉力量不平衡。驼背不但会严重影响形象气质，而且会使胸部伸展受限，胸部空间缩小，影响心肺的生长发育。此外，驼背也会使腹部紧张，肠胃不能舒展，影响肠胃功能，从而影响身体健康。

5 哪些肌肉出现了问题

驼背主要是胸椎后凸曲度的增加导致的，所以从体态上看后背会向上凸出，而胸部前弯。这样会使胸部和腹部的肌肉缩短，而后背在胸腰区域的肌肉被拉长。

1）被缩短紧张的肌肉

（1）胸大肌、胸小肌：胸大肌在前面已描述过，胸小肌是一块在胸大肌深面的小肌肉，别看它小，但在维持肩胛骨稳定性上却起到了一定的作用。在驼背状态下，胸小肌受到挤压也会发生短缩，从而导致肩胛骨不稳定，或者发生各种有关肩胛骨的体态问题。

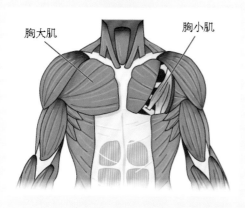

胸肌

（2）腹部肌群：一般我们说的腹肌，其实是由4块肌肉构成的，即腹直肌、腹横肌、腹外斜肌和腹内斜肌。男生们追求的"八块腹肌"，其实指的是腹直肌，所以皮下脂肪越少的人，"八块腹肌"越容易显露出来。当出现驼背的体态时，腹直肌都会受到挤压缩短，导致腹肌无力。

腹直肌

2）被拉长的肌肉

斜方肌中下束：斜方肌是一块很大的肌肉，前文说过斜方肌上束，上斜方肌的作用是上提肩胛骨，中斜方肌是拉着肩胛骨向脊柱靠拢，下斜方肌则是拉着肩胛骨向下。当出现驼背体态时，胸部会被压缩，背部相对于胸部就会被打开，特别是胸腰接合部，所以被拉长得比较明显的是中部和下部的斜方肌。

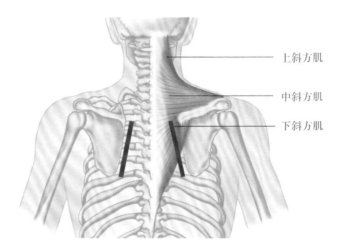

上斜方肌

中斜方肌

下斜方肌

6 自我纠正方案

当发现有驼背现象时，可以先尝试通过自我纠正方案进行纠正。

（1）需要改正不良姿势和习惯，改正不良睡姿和坐姿，调整好桌子与椅子的高度，避免身体前倾，避免躺在床上看书、玩手机。

（2）在青春期，不适宜背较重的书包，避免给脊柱较大的压力。

（3）需要增强自信，认识到在青春期身体发育是正常的，调整好心态，避免影响外在形象。

（4）完成运动项目前后，应及时放松胸肌，减轻训练强度。

自我纠正方案只能纠正我们日常不良的姿势，无法恢复到驼背之前的状态。此时，我们需要通过一些具有针对性的训练方案，来解决驼背这一问题。

1）泡沫轴放松背部

动作规格 屈膝仰卧在横向摆放的泡沫轴上，双臂交叉放于胸前，双腿发力使背部在泡沫轴缓慢前后移动。

动作要点 过程中保持跟泡沫轴接触的肌肉放松。

训练要领 频率：12~15次/组，3~5组/天。

呼吸：保持均匀呼吸即可。

常见错误 臀部着地。

2）翻书训练

动作规格 侧卧在垫子上，靠上的腿屈膝、屈髋90°，小腿靠住垫子，双手相对合掌，手臂伸直向前，目视前方，躯干向后旋转，使上面的手慢慢向身体后方伸展至最大位置，眼睛一直看向这只手；回到起始姿势，完成规定次数。

动作要点 躯干保持中立，旋转时骨盆保持稳定。

训练要领 频率：6~8次/组，3~5组/天。

呼吸：躯干向外旋转时呼气，回复时吸气。

常见错误 只是外展手臂，躯干并未做旋转动作。

3）俯身飞鸟

动作规格 采取俯卧位的姿势，双手交叉抱于头后或者置于身体两侧，向上抬起上胸椎部分躯干，使胸部离开地面，眼睛注视地面，不要向上看。

动作要点 使用上背部肌肉使身体离开地面，而不是手臂的力量；起始可以双臂放在体侧，呈"T"字形，逐渐进阶到"W"字形，最后进阶到双手交叉抱于头后。

训练要领 频率：8~12次/组，3~5组/天。

呼吸：向上用力时呼气，下降放松时吸气。

常见错误 耸肩，探头，眼睛向上看。

4）肩胛骨后缩训练

（1）俯卧——"W"字形。

动作规格 俯卧于垫上，双肘打开，屈肘90°，与躯干形成"W"字形；双侧肩胛骨向内向下收紧，双臂抬起2~3cm，保持3~5s；回到起始姿势，完成规定次数。

动作要点 注意保持腹部收紧，拇指向上，肩胛骨向下、向内收紧后抬起手臂。

训练要领 频率：6~8次/组，3~5组/天。

呼吸：用力时呼气，放松时吸气。

常见错误 肩胛骨未向下向内收紧，耸肩。

（2）俯卧——"T"字形。

动作规格 俯卧于垫上，双臂外展，与躯干形成"T"字形；双侧肩胛骨向内、向下收紧，双臂抬起2~3cm，保持3~5s；回到起始姿势，完成规定次数。

动作要点 注意保持腹部收紧，拇指向上，肩胛骨向下、向内收紧后抬起手臂。

训练要领 频率：6~8次/组，3~5组/天。

呼吸：用力时呼气，放松时吸气。

常见错误 肩胛骨未向下、向内收紧，耸肩。

5）靠墙站立

动作规格 靠墙站立，双手屈肘45°放于身体两侧，形成"W"字形，手掌朝前，整个手臂和手背都紧贴墙壁，坚持到规定的时间。

动作要点 肩胛骨保持后缩下沉，

背部尽量贴住墙面，腰部保持与墙面一个手掌的距离。

训练要领 频率：3min/组，3组/天。

呼吸：均匀呼吸即可。

常见错误 耸肩，手背不能贴住墙面，背部也不能贴住墙面。

第六节
脊柱侧弯

1 现象

正常人的脊柱有一系列向前、向后的生理弯曲，而没有向左、向右的弯曲，假如脊柱发生向左、向右的弯曲，那就是存在脊柱侧弯问题。双肩不等高或者后背左右不平，很可能就是脊柱出现了侧弯，要想确定脊柱侧弯的具体角度，需要结合影像学做进一步的检查，常规的身体检查只能判断是否存在侧弯，而无法明确侧弯的具体角度。

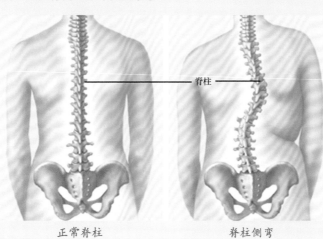

正常脊柱　　　　　　　脊柱侧弯

2 评估

在自然放松站立状态下，从后面观察脊柱的各个棘突（脊柱上的隆起）是否在同一直线上，或者自然站立，缓慢向前弯腰，观察脊柱是否在同一条直线上，若不在一条直线上，则为脊柱侧弯（如果需要可以用记号笔标记棘突的位置，再进行观察）。

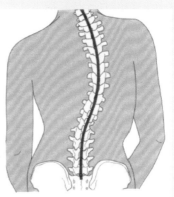

自然前屈身体的情况下，观察脊柱两侧的竖脊肌，如果两侧的竖脊肌左、右侧明显出现差异并且呈现出阶段性的左、右侧差异，则考虑脊柱存在侧弯。

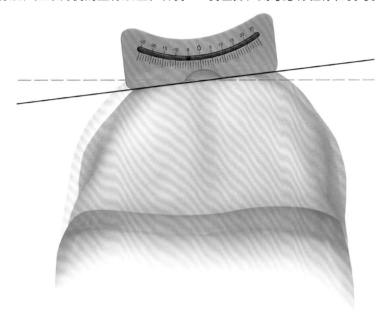

3 ▶ 成因

1）不良姿势

看书、写字时身体不够端正。例如，多数人右手写字和工作，致使身体左倾，如长时间维持这种姿势，会使脊柱右侧肌肉牵拉、疲劳，而左侧的肌肉用力过多会导致肌肉力量增大。长此以往，人体脊柱两侧肌肉和韧带的力量及柔韧性失去平衡，左侧肌肉韧带由于缩短而变得紧张，右侧肌肉韧带由于拉长而变得松弛，最终形成脊柱向右侧凸出的现象。

2）不良习惯

经常单肩背包，单肩背包的一侧肩部经常会不由自主地耸起肩膀，这样的姿势会使肩部、颈部的肌肉不自觉地处于紧张状态，从而导致脊柱左右两侧的肌肉出现力学失衡，造成脊柱侧弯。

3）生理因素

正处于发育阶段的青少年，骨骼的增长速度比肌肉快，若不进行适当的锻炼，脊柱两侧的肌肉力量薄弱而不足以支撑长高的身体，就会使脊柱发生弯曲。

4 危害

脊柱侧弯，是指脊柱的各棘突不在同一直线上，呈现C形或者S形弯曲。脊柱侧弯会导致腰背部肌肉僵硬、疼痛，骨关节错位，使内脏位置发生改变并产生挤压，从而引发消化不良等疾病。此外，腰椎弯曲和骨盆倾斜会使颈椎曲度发生代偿和适应性改变，因为我们的眼睛看东西时，如果头是歪的，眼睛会一高一低，我们会把头偏向一侧作为补偿，让视线呈水平状态，长此以往，会出现颈部问题。

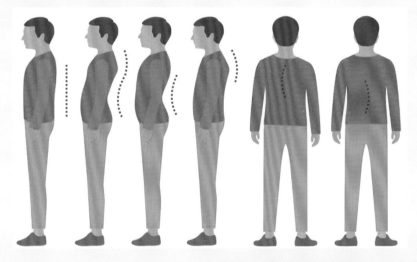

5 哪些肌肉出现了问题

脊柱侧弯会造成颈、肩、腰、背部区域的肌肉力量出现不平衡，通常情况下，发生脊柱侧弯的节段，凹侧的肌肉会被缩短，而凸侧的肌肉会被拉长。我们以一个S形脊柱侧弯的人为例，假设他的胸椎凸向左侧，而腰椎凸向右侧，那么就可以推断，他的胸椎右侧的肌肉和腰椎左侧的肌肉会被缩短。还有经常忽略的一点：颈肩部的肌肉也有一部分会被缩短，因为当胸部向左凸时，头为了回到中立位置，就需要倾向左侧，所以左边颈肩部的肌肉也会被缩短。

被缩短的肌肉有以下几个部分。

（1）颈肩部：左侧上斜方肌、肩胛提肌、斜角肌、竖脊肌的颈段。前三个我们都已了解，下面了解一下竖脊肌，它是身体脊柱两侧很长的肌肉，从颈部一直到骨盆上部。当把双手放在脊柱两侧左右屈腰时，就能感受到竖脊肌了。竖脊肌从上到下可以分为颈段、胸段和腰段。

（2）胸部：右侧肋间肌、胸段竖脊肌、腹肌。肋间肌是一条一条肋骨中间的肌肉，脊柱侧弯为什么会缩短肋间肌呢？因为肋骨都是连接在脊柱上的，当脊柱发生侧弯时，凹侧的那一侧肋骨会被压缩，所以位于肋骨中间的肋间肌也会被缩短。

（3）腰部：左侧的腰段竖脊肌、腰方肌。腰方肌是腰部竖脊肌外侧的一块小肌肉，同样会使脊柱侧弯。很多人在腰背痛时腰方肌的疼痛感会更明显，受累会更多。

训练要领　频率：保持30s/组，3组/天，换对侧。

呼吸：保持均匀呼吸即可。

常见错误　躯干旋转，臀部脱离脚后跟。

6 自我纠正方案

当出现脊柱侧弯时，可以先尝试通过纠正不良的生活习惯，如调整坐姿，选择背带较宽的背包、双肩背包，减轻背包重量的方法进行纠正。

自我纠正方案只能纠正我们的日常姿势，而无法还原恢复到脊柱侧弯前的状态。此时，我们需要通过一些具有针对性的训练方案，来解决脊柱侧弯这一问题。

1）背部拉伸

动作规格　两脚并立跪姿，躯干俯卧在大腿上，双手朝前伸直；左手不动，右手慢慢向左前上方挪动，直至右侧背部有明显拉伸感。

动作要点　臀部要坐在脚后跟上。

2）小燕飞

动作规格　采取俯卧位的姿势，双手交叉置于腰部，向上抬起上胸椎部分躯干，使胸部离开地面，眼睛注视地面，不要向上方看。

动作要点　使用上背部肌肉的力量使身体离开地面，而不是手臂的力量。

训练要领　频率：8~12次/组，3~5组/天。

呼吸：向上用力时呼气，下降放松时吸气。

常见错误　耸肩，探头，眼睛向上看。

3）侧屈训练

动作规格　自然站立，左手负重，放松放于右腿外侧，右手固定于头后，上半身缓慢向左侧弯曲，自髋关节以下的下半身保持固定。

动作要点　保持头部和颈椎、胸椎良好地对位对线，下巴向内收。

训练要领　频率：8~12次/组，3组/天，换对侧。

呼吸：身体恢复直立时呼气，身体向下弯曲时吸气。

常见错误　颈部侧屈，耸肩。

4）坐位脊柱旋转

动作规格 正身端坐，身体保持正直，双手合抱于胸部，髋部屈曲90°，双脚并拢，平放于地面，保持髋部以下不动，缓慢地向右侧旋转到最大幅度，保持2s，再转向左侧。

动作要点 上半身作为一个整体同时旋转；可以双上肢伸直，放于大腿推向旋转对侧，使上半身尽可能旋转到最大幅度。

训练要领 频率：左右为1次，6~8次/组，3~5组/天。

呼吸：用力时呼气，放松时吸气。

常见错误 上半身没有作为一个整体同时旋转，耸肩，骨盆发生旋转，固定不良。

下面让我们结合案例来看一下脊柱侧弯是如何康复的。

◆◇主诉

女，16岁，2015年1月，发现后背有一个鼓包，约诊检查，于3月前往医院，经检查脊柱伴明显的C形侧弯，之前曾持续发烧半年之久。后行正骨、拨筋等治疗。

◆◇评估

脊柱严重侧弯（右凸）伴随扭转，Cobb角（一种测量脊柱侧弯的方法，主要用于评估脊柱侧弯的严重程度）大于40°；左侧肋骨塌陷、右侧肋骨凸起严重；双侧肌肉变形严重，张力稍高、翼状肩；骨盆位置、形态可。

◆◇康复 ▽▽

使用运动手法调理技术（ST手法）松解背部肌群，分法分推两肋，行呼吸、内脏调理。

评估时 　　　　　第1次治疗后

第4次

◆◇反馈 ▽▽

左侧塌陷肋骨已逐渐浮起，脊柱侧弯角度改善。

评估时

第1次治疗后

第8次

第七节
骨盆前倾

1 现象

肚子向前，屁股向后翘，腰椎曲度明显增大。

2 评估

在自然放松站立位下，从侧面观察腰椎曲度明显增大，或者贴墙站立，如果腰部与墙面的距离超过一个手掌的厚度，则为腰椎曲度过大，骨盆前倾。

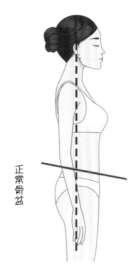

正常骨盆

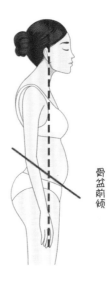

骨盆前倾

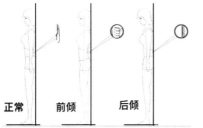

正常　前倾　后倾

3 成因

（1）不科学的训练：练习舞蹈时过度翘臀部，没有收紧腹部，导致腰椎前部肌肉力量薄弱，无法支撑腰椎，使腰椎前凸。

（2）体重增加，肚子增大，导致习惯性地挺着肚子。

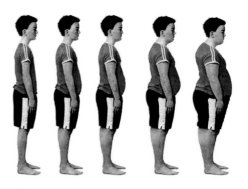

4 危害

骨盆前倾，又叫塌腰，是指腰椎曲度明显增加，骨盆向前倾，不在中立位，影响外在形象。骨盆前倾会造成腰椎压力增大，腰部肌肉和腰椎间盘受力增大，容易出现腰部疼痛。

5 哪些肌肉出现了问题

骨盆前倾最明显的体态是臀部很

翘，小腹却凸出，有的人会伴随腰背痛，对他们进行身体评估，往往发现有骨盆前倾的症状。其实现在很多人都有骨盆前倾的症状，因为长期久坐，身体前面的"筋"被拉得很紧，从而使骨盆像漏斗一样越来越往前倾。而骨盆上边又接着腰椎，骨盆往前倾会拉着腰椎也往前移，于是腰背上的肌肉越来越紧张，导致腰背酸痛。

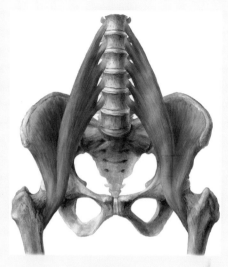

髂腰肌

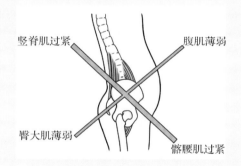

1）被缩短的肌肉

（1）连接腰椎和骨盆的髂腰肌：髂腰肌是身体前面连接腰椎和骨盆的两块肌肉，是髂肌和腰大肌的合称。当人们坐下时是一个腰椎和骨盆互相靠近的动作，所以连接这两个部分的髂腰肌就会被缩短，长期不运动就会使它紧张而无力。

（2）腰背部的竖脊肌：骨盆前倾，腰椎被往前拉时，在腰背部的竖脊肌就会被拉紧，长期的紧绷状态会使它非常疲劳，容易引发腰肌劳损。

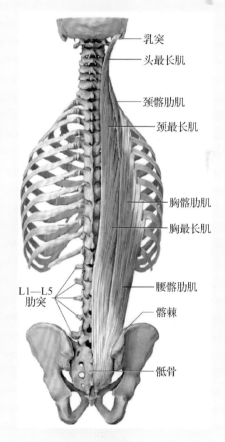

竖脊肌

2) 被拉长的肌肉

（1）臀大肌：覆盖在臀部最外层，当我们试着慢慢从站立位坐下时，会感觉到臀部在被牵拉开，所以长期久坐就会使臀大肌的弹性降低，慢慢地被拉长。

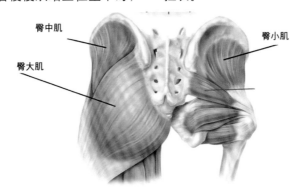

臀中肌　臀小肌　臀大肌

（2）腹肌：因为腹肌和竖脊肌是相互对抗的肌肉，腹肌可以使身体完成屈曲，而竖脊肌可以使身体完成伸展，所以当竖脊肌紧张时，腹肌就会被相应地拉长。

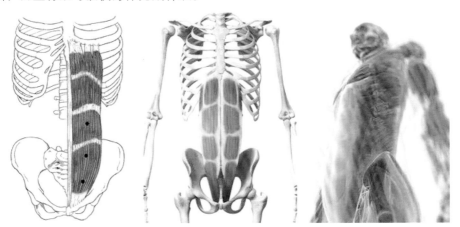

6 自我纠正方案

骨盆前倾可通过泡沫轴放松、肌肉拉伸和核心激活等训练方法进行纠正。

1) 泡沫轴放松大腿前侧肌肉

动作规格　俯卧位，屈肘小臂撑地，泡沫轴置于大腿前侧，脚离地，肩膀发力使大腿在泡沫轴上前后缓慢移动，范围在整个大腿，做到相应的次数。

动作要点　过程中核心收紧，保持身体中立位；保持跟泡沫轴接触的肌肉放松。

训练要领 频率：10~15次/组，3~5组/天。

呼吸：自然呼吸即可。

常见错误 脚着地，塌腰。

2）大腿内收肌拉伸

动作规格 坐位，两条腿屈膝盘腿，脚掌相对，肘关节放于膝关节内侧，身体前倾的同时下压肘关节，直到感觉大腿内侧有中等强度的拉伸感，拉伸到规定时间。

动作要点 保持肩部向下发力，使肘关节下压，不要单纯身体前倾。

训练要领 频率：15~30s/组，3~5组/天。

呼吸：保持均匀呼吸即可。

常见错误 背部弯曲，耸肩。

3）拉伸股四头肌、髂腰肌

动作规格 背对栏杆站立，右腿支撑，左腿向后屈膝，左脚尽可能抬高，脚面放在栏杆上，尽可能缩短身体与栏杆之间的距离，感受大腿前侧的牵拉感，向前送髋，感受髋部前侧的拉伸感。

动作要点 身体保持正直，逐渐减小距离，增加牵拉感。

训练要领 频率：保持15s/次，3~5次/天。

呼吸：拉伸时呼气，放松时吸气。

常见错误 身体前倾。

4）核心激活

动作规格　仰卧在垫子上，屈髋屈膝90°，一侧大腿与地面垂直，小腿与地面平行；手掌心相对手臂向上伸直；对侧的手臂和大腿慢慢向远端延伸，直至靠近地面但不接触地面，保持到规定的时间。

动作要点　骨盆后倾保持腰部紧贴地面，腹式呼吸，保持腹部一直处于收缩状态。

训练要领　频率：每侧30~60s/组，3组/天。

呼吸：保持均匀呼吸即可。

5）仰卧起坐

动作规格　仰卧位躺在垫子上，双腿屈髋、屈膝打开与肩同宽，或双脚并拢，起始双上肢放松，放于体侧，腹肌收缩带动上半身向前起来，靠近双膝。

动作要点　逐渐进阶为双手抱于胸前、双上肢向上抬起、双手抱于脑后。

训练要领　频率：8~12次/组，3~5

组/天或者静力保持10s/次，重复3~5次。

呼吸：向上用力时呼气，放松时吸气。

常见错误 颈部肌肉收缩；未收下巴；身体起来得太迅速，从而进行了惯性代偿；屏气；下巴没有向内收；头部屈曲。

6）臀桥

动作规格 仰卧支撑，头部和上背部贴地，腹部收紧，腹部与大腿成一条直线；脚后跟着地，脚尖勾起，臀部收紧，屈膝成90°夹角。

动作要点 身体保持一条直线，不要扭转，臀部要抬起，不要落下；可以先做静态的臀桥，逐渐进阶到动态的臀桥。

训练要领 频率：静态训练在保证动作质量的同时尽可能保持较长的时间；动态：12~15次/组，3组/天。

呼吸：用力时呼气，放松时吸气。

常见错误 身体发生扭转。

第八节
骨盆不正

1 现象

　　站立时身体不正或者骨盆高低不一致。

2 评估

　　在自然放松站立的状态下，从正面观察两骨盆沿高度不一致（腰带附近位置。

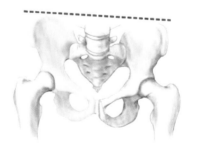

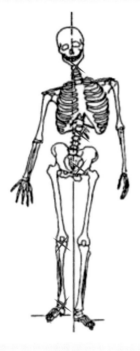

3 成因

1) 不良姿势

跷二郎腿，一条腿搭在另一条腿上，使该侧骨盆向前发生旋转并且抬高，时间一长，导致骨盆位置不佳甚至引起腰痛。不良站姿，习惯性一侧受力过大，如站立时，一脚在前，一脚在后，双脚受力不均。

2) 肌肉的不平衡

骨盆后侧臀部肌肉无力，而骨盆前侧的髂腰肌处于紧张状态，使骨盆无法保持在中立位。

4 危害

骨盆不正是指骨盆两侧高低不同或者骨盆旋转。骨盆不正容易导致脊柱腰椎、胸椎、颈椎等发生适应性改变，从而产生脊柱侧弯、高低肩、头位不正等问题，不仅影响外在的整体形象，也会造成肌肉的疼痛和紧张，引发其他疾病，如消化不良、呼吸不畅等。

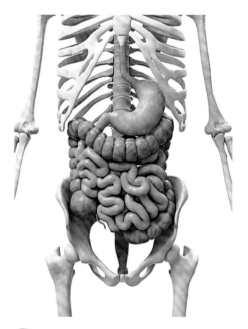

5 哪些肌肉出现了问题

骨盆不正可以分为左右两侧高度不同和骨盆的髂骨前后不齐。左右两侧高度不一致也叫骨盆侧倾，骨盆的髂骨出现前后不齐也叫骨盆旋转。

骨盆侧倾的时候，我们可以看出来

两边裤腿不一样高，而且身体两侧的手也不一样高或者身体两侧的手和身体之间的间隙不一样大。

被缩短的肌肉如下。

（1）抬高一侧的竖脊肌、腰方肌：因为竖脊肌和腰方肌都连于骨盆上，然后向上连于身体上部，所以当骨盆一侧抬高的时候，这一侧的竖脊肌和腰方肌就会被缩短。

（2）抬高一侧的大腿内侧肌群和另一侧腿的髋外侧肌群（臀中肌等）：当出现骨盆高低不平时，人们的躯干会略微往骨盆较低的那一侧倾斜，从而使这一侧的髋外侧肌群受压缩短，而骨盆抬高一侧的髋外侧肌群则被拉长。髋外侧肌肉与同侧的大腿内收肌是一组相互拮抗的肌肉，髂骨肌肉被动拉长，大腿内侧的肌肉就会呈现短缩的状态。

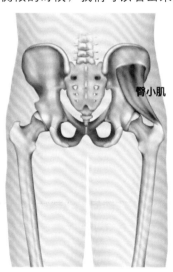

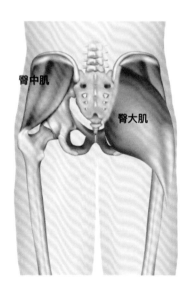

经常跷二郎腿容易出现骨盆旋转，也叫骨盆前后不对称。骨盆前后不对称可表现为左骨盆向前或右骨盆向前。如果右骨盆向前，那么右腿会往前一点，左腿会往后一点，所以使右腿往前的肌肉被缩短，使左腿往后的肌肉会被缩短。

跷二郎腿容易缩短的肌肉如下。

髂腰肌：使右腿往前的肌肉，它是使腿前屈的重要肌肉，是从腰椎往前连于骨盆的肌肉。很多人的髂腰肌都有紧张无力的情况，久坐使得髂腰肌长期维持在缩短位变得紧张，不运动又使得髂腰肌没有力量。因此，髂腰肌无力的人群都喜欢拖着腿走路。

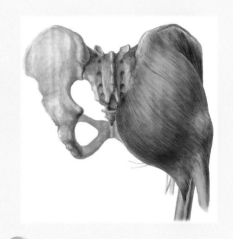

6 自我纠正方案

当出现骨盆不正时，可以先尝试通过养成良好姿势习惯、改正不良站姿和坐姿等方案进行纠正。

自我纠正方案只能纠正日常姿势，无法还原已造成的骨盆不正。此时，需要通过一些具有针对性的纠正训练方案来解决骨盆不正这一问题。

下面是以骨盆左高右低为例的纠正方案。

1）手膝侧撑

动作规格　侧卧，身体左侧在下；手臂屈肘90°，手握拳，整个手臂压住地面并支撑于地面，屈膝成90°夹角，膝关节外侧撑地，慢慢抬高骨盆至中立位，保持到规定的时间。

动作要点　头部保持中立位，目视前方；骨盆中立位，略微后倾；肩膀骨盆膝盖在一条直线上。

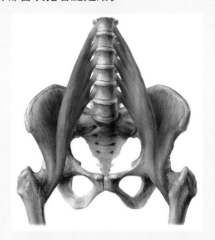

臀大肌：使左腿往后的肌肉，它附着于臀部后方，覆盖住整个臀部，是使腿往后伸的重要肌肉。腿长期有一个往后伸的趋势，会使臀大肌相对地被拉紧缩短。

训练要领 频率：60s/组，3组/天。呼吸：保持均匀呼吸即可。

常见错误 探头，耸肩，塌腰。

2）单腿支撑

动作规格 双手扶墙，身体重心转移到左腿，右腿向后屈膝抬起脚，右侧臀肌发力，慢慢抬起右侧骨盆，至最高点后慢慢落下，连续做到规定的次数。

动作要点 支撑腿要伸直，腹部收紧，骨盆中立位。

训练要领 频率：15~20次/组；1~3组/天。

呼吸：向上发力时呼气，下落时吸气。

常见错误 身体晃动；含胸塌腰。

3）腹内外斜肌训练

动作规格 仰卧位躺在垫子上，双腿屈髋、屈膝打开，与肩同宽，起初双上肢放松，放于体侧，腹肌收缩带动上半身向身体两侧起身，胸部靠近膝关节外侧。

动作要点 逐渐进阶为双手抱于胸前、双上肢向上抬起、双手抱于脑后。

训练要领 频率：8~12次/组，3~5组或者静力保持10s/次，重复3~5次。

呼吸：向上用力时呼气，放松时吸气。

常见错误 颈部肌肉收缩；未收下巴；身体起来得太迅速，从而进行了惯性代偿；屏气；下巴没有向内收；头部屈曲。

4）臀部肌肉训练

（1）弓步静蹲。

动作规格 双脚打开与肩同宽，右脚迈出一步向下蹲，前方膝盖和脚尖保持同一方向，并且膝盖不要超过脚尖。

动作要点 由静态的弓步静蹲逐渐过渡为动态的弓步下蹲，并且可以左右手负重；身体保持正直；若动力性下蹲感到很轻松，可左、右手各拿一个哑铃，哑铃重量视能力而定。

训练要领 频率：静态时30s至1min，2~3组/天；动态时6~8次/组，3~5组/天。

呼吸：起立时呼气，下蹲时吸气。

常见错误 膝盖内扣；膝盖超过脚尖。

（2）臀桥。

动作规格 仰卧支撑，头部和上背部贴地，腹部收紧，腹部与大腿成一条直线；脚后跟着地，脚尖勾起，臀部收紧，屈膝成90°夹角。

动作要点 身体保持一条直线，不要扭转，臀部要抬起，不要落下；可以先

做静态的臀桥，逐渐进阶到动态的臀桥。

训练要领 频率：静态训练在保证动作质量的同时尽可能保持较长的时间；动态训练12~15次/组，3组/天。

呼吸：用力时呼气，放松时吸气。

常见错误 身体发生扭转。

5）拉伸股四头肌、髂腰肌

动作规格 右腿屈膝成90°夹角，左膝盖撑地，右手伸直扶住右侧膝盖，左手在身体左侧向上伸直往右上方延伸，直至左侧腹股沟前侧或侧腹部有中等强度拉伸感为止，坚持到规定的时间。

动作要点 左手要微微外展，向

上延伸时微微后仰和侧倾，拉伸感会更明显。

训练要领 频率：每侧20~30s/组，1~3组/天。

呼吸：拉伸时呼气，放松时吸气。

常见错误 含胸，身体晃动。

第九节

X型腿

① 现象

在自然放松站立时，膝关节能并拢，两小腿外分呈"X"型。

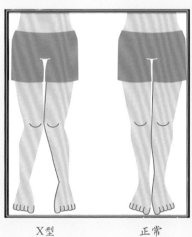

X型   正常

② 评估

从正面观察，自然站立时，膝关节能够并拢，两脚不能并拢。

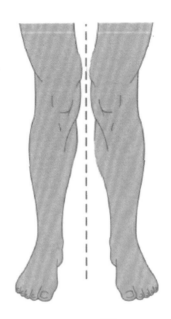

3 成因

1) 生理性因素

3~4岁的幼儿通常表现为X型腿，在6~7岁时接近成年人腿，存在5°左右的膝外翻。在以上年龄段出现的X型腿绝大多数是生理性的，会自行矫正，不要太担心。

2) 病理性因素

继发于佝偻病、脊髓炎、骨折等疾病出现的"X"型腿，8岁以上儿童出现这种特发性膝内翻不会自行矫正。

3) 不科学的训练

有研究表明，13~15岁的青少年出现X型腿，可能与经常参加对抗运动有关，尤其是对抗性强的运动。

4 危害

X型腿，又叫膝外翻，是指两膝并拢时，两腿不能并在一起，小腿呈现外分的现象。这种情况下，身体重力都在膝关节内侧。膝关节内侧受力过大，容易磨损膝关节，导致疼痛、膝关节炎等症状。

5 哪些肌肉出现了问题

可以观察到，X型腿的两侧膝盖向中间靠拢，甚至可以靠在一起。双膝能并拢到一起，但双脚踝不能互相靠拢。这是大腿内侧过于紧张而大腿外侧无力导致的，这样就会使双膝越来越靠近。

1）缩短的肌肉

内收肌：内收肌是大腿内侧肌肉群的总称，它们都是从骨盆连到大腿的内侧，可以让腿向中间靠拢，所以出现X型腿时，内收肌会紧张缩短。

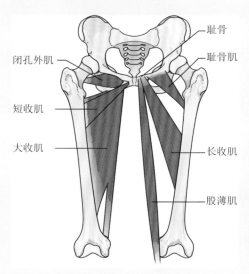

2）无力的肌肉

臀中肌：臀中肌的作用刚好和内收肌相反，可以把大腿肌肉往远离中间的地方拉，起到一个外展的作用，所以当内收肌很紧张的时候，臀中肌就会被拉长而且没有力量。

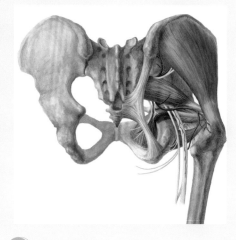

6 自我纠正方案

X型腿可通过肌肉拉伸和针对性运动等方法进行纠正。

1）青蛙趴

动作规格 手膝跪撑，慢慢向两侧分开大腿，保持大腿与小腿和身体成90°夹角；上半身慢慢往下趴，保持腰背挺直，将脑袋枕在双手上，保持到规定的时间，慢慢收回。

动作要点 动作要慢，初学者不要做太大范围。

训练要领 频率：1~3min/组，1~3组/天。

呼吸：缓慢呼吸。

常见错误 塌腰，身体前倾。

2）髋外展

动作规格　三点跪位：采用手膝跪位，髋关节和膝关节屈曲90°，将重心放在支撑腿上，与运动的腿保持为一个整体，向侧方抬起至水平位。

动作要点　身体保持平衡；骨盆保持稳定，腹部收紧；下肢作为整体进行运动。

训练要领　频率：8~12次/组，1~3组/天。

呼吸：向上抬用力时呼气，放松时吸气。

常见错误　身体发生扭转；下肢未作为整体进行运动。

3）大腿内收

动作规格　采用侧躺的姿势，运动侧的腿位于下方，上方的腿屈髋、屈膝放于前方；运动腿膝关节保持伸直，向上方抬腿；感受大腿内侧用力。

动作要点　身体保持正直，骨盆保持稳定；运动腿膝关节保持伸直，运动时脚尖指向前方；进阶时可以将弹力带的一段固定在踝关节上方。

训练要领　频率：8~12次/组，1~3组/天。

呼吸：向上抬腿用力时呼气，放松时吸气。

常见错误 运动腿膝关节屈曲；运动腿发生旋转，脚尖未指向前方。

4）坐姿弹力带髋外展

动作规格 坐在一个与小腿同高的凳子上，双脚间保持一拳的距离，弹力环套在两膝盖上面；脚跟位置不动，两膝盖慢慢外展外旋，至最大点后稍停顿慢慢回复，做到规定的次数。

动作要点 保持骨盆的中立位，外展过程中不要后倾；前脚掌可以微微抬起；可以进阶到双脚离地，膝盖和脚同时外展。

训练要领 频率：２０次／组，3组/天。

呼吸：外展时呼气，回复时吸气。

常见错误 弯腰，动作过快。

5）弹力带深蹲

动作规格 弹力环套在膝关节外侧，两脚打开与肩同宽，脚尖和膝盖都略微朝外，两手交叉放于胸前，慢慢下蹲至髋关节低于膝盖，再慢慢蹲起至起始位置，做到规定的次数。

动作要点 下蹲过程中，骨盆保持稳定。

训练要领 频率：20次/组，3组/天。

呼吸：下蹲时呼气，蹲起时吸气。

常见错误 弯腰，膝关节内扣。

6）放松髂胫束

（1）髂胫束牵拉。

动作规格　仰卧位，平躺在垫子上，身体保持正直，将一侧腿向上抬起，在保持骨盆稳定的情况下，尽可能地将该侧腿转向侧方，保持脚尖朝向头侧，感受大腿外侧的牵拉感。

动作要点　保持身体正直；骨盆保持稳定。

训练要领　频率：15s/次，3~5次/天。

呼吸：拉伸时呼气，放松时吸气。

常见错误　牵拉侧大腿发生旋转。

（2）髂胫束泡沫轴。

动作规格　呈右侧卧姿，将泡沫轴置于右侧髋关节外侧的下方，右臂屈肘撑于地面，左手放于身体的侧方；右腿伸直，左腿屈髋、屈膝置于身体前方；左腿蹬地带动身体移动，使泡沫轴从髋关节外侧至膝关节外侧间来回滚动。

动作要点　逐渐将身体的重力转

移到泡沫轴上；在肌肉酸痛点停留一段时间。

训练要领 频率：单侧至少1 min/次，每天至少1次。

呼吸：正常呼吸即可。

常见错误 身体未保持正直；泡沫轴未与大腿垂直。

7）放松腘绳肌

（1）腘绳肌牵拉。

动作规格 双脚与肩同宽，右脚略向前，右腿伸直，右脚脚后跟着地，腹部收紧，背部保持平直，上半身向下弯腰，屁股向后坐，感受大腿后侧的牵拉感，对侧亦然。

动作要点 逐渐屈髋后坐，增加右脚的距离，逐渐增大牵拉感。

训练要领 频率：15s/次，3~5次/天。

呼吸：拉伸时呼气，放松时吸气。

常见错误 背部未保持平直；弯腰。

（2）腘绳肌按摩棒

动作规格 呈半跪姿，右腿在前，左腿在后，双手持按摩棒放在右大腿后侧靠近髋关节的位置；双手持按摩棒从右大腿后侧的髋关节至膝关节间来回加压滚动。

动作要点 可以逐渐增加按压的力度；在肌肉酸痛的位置可以多停留一会儿。

训练要领 频率：单侧至少1min/次，每天至少1次。

呼吸：正常呼吸即可。

（3）腘绳肌泡沫轴。

动作规格 呈坐姿，双腿伸直，将泡沫轴置于大腿后侧的下方，双手撑于身体后方，背部平直，腹部收紧；双手推地，带动身体移动，泡沫轴与大腿垂直，从坐骨结节至腘窝来回滚动。

动作要点 逐渐将身体的重力转移到泡沫轴上，或者将另一侧腿放到该侧腿上以增加放松的强度；在肌肉酸痛的位置可以多停留一段时间。

训练要领 频率：单侧至少1min/次，每天至少1次。

呼吸：正常呼吸即可。

常见错误 身体未保持正直；泡沫轴未与大腿垂直。

第十节
O型腿

1 ▷ 现象

在自然放松站立时，两脚能并拢，两膝关节不能并拢，呈O型。

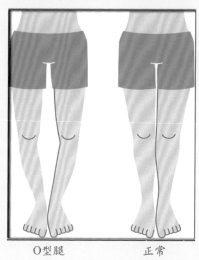

O型腿　　　　正常

2 ▷ 评估

在自然放松站立时，从正面观察，两脚能并拢，膝关节却不能并拢。两

膝关节间距离小于3cm为O型腿轻度，3~6cm为中度，大于6cm为重度。

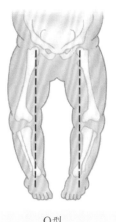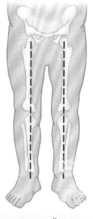

O型　　　　正常

3 成因

1）缺乏维生素 D

在生长发育时期，因缺乏维生素D引起体内钙、磷代谢紊乱，出现骨骼发育障碍、骨变形或关节软骨发育不良等现象，这些都是O型腿的常见原因。

2）不科学的训练

从小开始进行专业化训练，由于

骨骼未完全钙化和发育不完全的因素，儿童尚处于可塑阶段。例如，练习足球动作技术、过早练习站桩、蹲马步等，都属于早期化训练，会造成大腿肌肉和韧带的失衡，引起腿部变形。有研究表明，13~15岁的青少年出现O型腿，可能与经常参加对抗运动有关，尤其是对抗性强的运动。

3）病理性因素

继发于佝偻病、脊髓炎、骨折等疾病形成的O型腿。8岁以上儿童出现这种特发性膝内翻不会自行矫正。

4 危害

O型腿，又叫膝内翻，是指膝关节不能并拢呈O字型。O型腿使膝关节外侧受力过大，容易磨损，造成膝关节疼痛。

好疼

5 哪些肌肉出现了问题

和X型腿相反的是，O型腿指的是双踝在并拢时双膝不能靠近，腿中间会有一个像"O"的空隙，大腿不能向中间收拢。

1）缩短的肌肉

臀中肌、阔筋膜张肌和髂胫束：臀中肌是把大腿拉向外侧的主要肌肉，髂胫束是韧性很强连着阔筋膜张肌往下的纤维条，它和阔筋膜张肌一起位于大腿外侧。一般人群的大腿外侧也较容易紧张，O型腿人群更是如此，经常跑步的人群还会因为髂胫束和股骨的摩擦增加而引发髂胫束摩擦综合征。

臀中肌　　　　　阔筋膜张肌

2）拉长的肌肉

内收肌群：和X型腿刚好相反，内收肌的无力会使得大腿不能往中间收，

因此，在松解缩短肌肉的同时还要增强内收肌的力量。因内收肌连在骨盆上，所以收缩骨盆时也是在收缩内收肌。

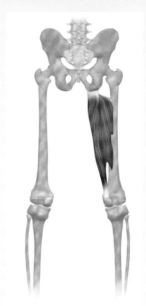

6 自我纠正方案

O型腿可通过肌肉拉伸和力量训练方法进行纠正。

1）髋内收肌力量训练

动作规格　采用侧躺的姿势，上方的腿屈髋、屈膝，放于前方，运动侧的腿放于下方；膝关节保持伸直，向上方抬腿；感受大腿内侧用力。

动作要点　身体保持正直，骨盆保持稳定；运动腿膝关节保持伸直，运动时脚尖指向前方；进阶时可以将弹力带的一段固定在踝关节上方。

训练要领　频率：8~12次/组，1~3组/天。

呼吸：向上抬用力时呼气，放松时吸气。换对侧。

常见错误　运动腿膝关节屈曲；运动腿发生旋转，脚尖未指向前方。

2）坐姿髋内收

动作规格　膝关节屈膝90°坐在一个与小腿同高的椅子上，挺胸收腹坐直，找一个球或一本书夹在两个膝盖之间，两个腿向内发力，保证球或者书不掉下来，坚持到规定的时间。

动作要点　身体保持正直，骨盆保持中立稳定；可以增加球或者书的重量来增加强度，或者是慢慢抬起膝关节，使脚部脱离地面。

训练要领　频率：1~2min/组，1~3组/天。

呼吸：保持均匀呼吸即可，换对侧。

常见错误　腰部向后弯曲。

3）放松髂胫束

（1）髂胫束泡沫轴。

动作规格　呈右侧卧姿，将泡沫轴置于右侧大腿外侧的下方，右臂屈肘撑于地面，左手放于身体的前方；右腿伸直，左腿屈髋屈膝置于身体前方；左腿蹬地带动身体移动，使泡沫轴从大腿外侧至膝盖外侧间来回滚动。

动作要点　逐渐将身体的重力转移到泡沫轴上；在肌肉酸痛点上停留一段时间。

训练要领　频率：单侧至少1min/次，每天至少1次。

呼吸：正常呼吸即可。换对侧。

常见错误　身体未保持正直；泡沫轴未与大腿垂直。

（2）髂胫束按摩棒。

动作规格　呈半跪姿，右腿在前，左腿在后，双手持按摩棒放在右大腿外侧靠近髋关节的位置；双手持按摩棒从右大腿外侧的髋关节至膝关节间来回加压滚动；在肌肉酸痛位置多停留一段时间，完成动作到规定时间，对侧亦然。

动作要点　可以逐渐增加按压的力度；在肌肉酸痛的位置可以多停留一会儿。

训练要领　频率：单侧至少1min/次，每天至少1次。

呼吸：正常呼吸即可。换对侧。

第十一节
外八字

 现象

在自然放松状态下站立或者走路的时候，脚尖向外。

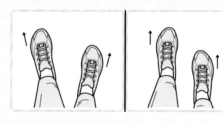

2 评估

自然放松行走的时候，从正面观察两脚的位置，如果走路时足跟相对，足尖朝外，说明为外八字脚。

3 成因

1）不良姿势

过早学步、站立，由于孩子腿部的力量不足，在学步和站立时，双脚自然分开，增大脚底面积，以便站稳，久而久之会使双脚自然分开。

2）不良习惯

孩子足部骨骼较软，脚步力量较弱，走路穿硬质的皮鞋，常有一种"带不动、拖着走"的现象，时间长了容易使步态扭曲变形。

3）体内缺钙

当幼儿骨骼含钙低时，脚部骨质不定型，在行走和站立时因重力作用的结果，容易使双侧膝关节向外分，从而形成"外八字脚"。

4）不科学的训练

学习舞蹈，脚步用力较大，有时候要求脚尖朝外，导致髋部外旋肌肉紧张、髂胫束紧张胫骨外旋，形成外八字。

4 危害

外八字，是指走路的时候脚尖朝外，影响骨骼发育，容易引起踝关节和膝关节发生问题，脚后跟外侧容易磨损。

5 哪些肌肉出现了问题

外八字是由于大腿向外旋转和小腿向外旋转引起的，外八字脚外侧负重会增多，内侧足弓会稍微抬起，导致足内侧肌群缩短。

被缩短的肌肉如下。

（1）缝匠肌：是我们全身上下最长的肌肉。它在大腿上，从骨盆外侧，向下旋转地连到膝盖内侧，当它被拉紧时，大腿就会往外旋转。

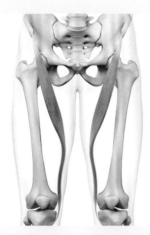

（2）髂胫束：当我们坐着时，双膝向外打开，双脚也向外打开时，这也是外八字的姿势。在这个姿势下大腿内侧的肌肉会被拉长，所以大腿外侧的肌肉会被相对地缩短，而位于大腿外侧的肌肉就是髂胫束。

（3）足内侧肌群：胫骨前肌、趾长屈肌、足拇长屈肌是足内侧肌群，都经由足内侧连于大脚趾底，外八字时会相对缩短。

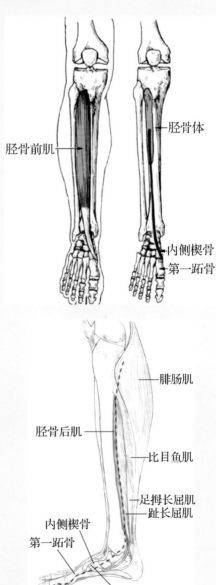

6 自我纠正方案

当出现外八字时，可以先尝试走直线的方法进行纠正，也就是沿着操场的白线或者路上的直线，前后脚交替踩到线上走路。

外八字也可通过拉伸肌肉和增进肌肉力量等方案进行训练纠正。

1）增加髋内旋肌肉力量训练

动作规格

（1）俯卧位：膝关节屈曲90°，弹力环固定在踝关节上方，脊柱保持正直，骨盆保持中立位，在保持膝关节并拢的同时打开双脚，抵抗弹力环的阻力。

（2）坐位：将弹力环固定在踝关节上方，在保持身体正直和骨盆稳定的同时，膝关节并拢，踝关节带动下肢转向外侧。

（3）站立位：将弹力环的一端固定在栏杆上，或有人用手固定住，与支撑腿的膝盖在同一水平，另一端固定在运动腿的踝关节上方，膝关节保持屈曲，踝关节向外侧转动。

动作要点 身体保持正直，骨盆保持稳定；膝关节不要分离；先采取俯卧姿势进行训练，逐渐进阶到站姿和坐姿。

训练要领 频率：在运动末端保持1~2s，8~12次/组，1~3组/天。

呼吸：用力时呼气，放松时吸气。

常见错误 膝关节分离；骨盆翘起。

坐位　　　　　　　　　站立位

2) 外八字站立、蹲起

动作规格 双腿打开与肩同宽，双脚脚尖向内旋转，呈内八字站立，然后向下蹲。

动作要点 下蹲时，膝盖不要超过脚尖。

训练要领 频率：8~12次/组；1~3组/天。

呼吸：起立时呼气，下蹲时吸气。

常见错误 膝盖超过脚尖；身体未保持正直。

第十二节
内八字

1 现象

自然放松状态下，站立或者走路的时候，脚尖向内。

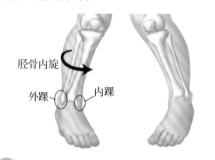

胫骨内旋

外踝　内踝

2 评估

自然放松状态下走路，从正面观察，如果脚尖朝内、脚跟朝外，则为内八字。

3 成因

1）不良习惯

长时间穿人字拖鞋。穿人字拖鞋行走时，由于脚趾之间唯一的带子不能给脚足够的支撑面来提起拖鞋，每当脚后跟离地时，脚趾都会弯曲起来勾着拖鞋，这种属于不自然的施力情形。如果时间过长，会导致小腿前方肌肉感到酸痛，为了避免掉鞋的尴尬，还要缩小步幅，脚腕向内侧转，也就形成了我们常说的内八字。

2）不良姿势

走路和跑步时没有掌握正确姿势，导致习惯性的内八字。

3）肌肉的不平衡

髋部内旋肌肉紧张、缩短导致胫骨内旋，从而形成内八字。

4 危害

内八字是指走路的时候脚尖朝内，并且容易被绊倒，姿势不美观，影响骨骼发育，容易引起踝关节和膝关节发生问题，鞋头内侧容易磨损。

5 哪些肌肉出现了问题

内八字姿势下，我们的脚尖互相靠近，而脚跟互相远离。大腿和小腿都会往内旋转，跑步时膝盖内扣很明显，内外侧脚支撑力也不平均，内侧负重会多一些，使得足外侧的肌群会相对地缩短。

被缩短的肌肉有以下几部分。

（1）半腱肌、半膜肌：在大腿后侧的肌肉，叫作腘绳肌，其中又包括了股二头肌、半腱肌、半膜肌，它们是从外到里排列的三块肌肉。在内八字姿势下，大腿靠近内侧的肌肉会被收紧，而半腱肌和半膜肌更靠近内侧，所以它们会被缩短。

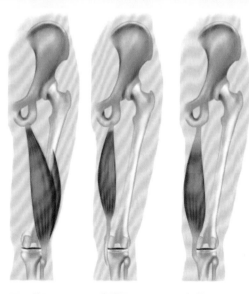

股二头肌　　半腱肌　　半膜肌

（2）腓骨长肌、腓骨短肌：内八字时足内侧负重更多，使足有一个向里翻的趋势，足外侧的腓骨长短肌相对地缩短。

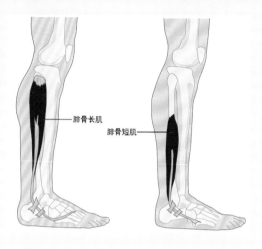

腓骨长肌

腓骨短肌

6 自我纠正方案

当出现内八字时，可以先尝试通过走直线的方法进行自我纠正，也就是沿着操场的白线或者路上的直线，前后脚交替踩到线上走路。

当出现内八字时，可通过肌肉拉伸和增加肌肉力量等方案进行训练纠正。

1）增加髋外旋肌肉力量训练

动作规格

（1）坐位：将弹力环的一端固定在运动侧旁的栏杆上，与踝关节上方水平一致，身体保持正直，骨盆保持稳定，对抗阻力使髋关节外旋，支撑腿的脚向后撤，避免影响运动侧的运动幅度。

（2）站立位：将弹力环的一端固定在栏杆上，与运动腿的膝盖同一水平，另一端固定在运动腿的踝关节上方，膝关节保持屈曲，踝关节向内侧转动。

动作要点　在达到动作质量的同时，尽可能地增大运动的幅度；身体保持正直；骨盆保持稳定；从坐姿逐渐进阶到站姿。

训练要领　频率：在运动末端保持1~2s，8~12次/组，1~3组/天。

呼吸：用力时呼气，放松时吸气。

常见错误　膝关节分离，骨盆翘起。

2）外八字站立，蹲起

动作规格　双腿打开与肩同宽，双脚脚尖向外旋转，呈外八字站立，然后向下蹲。

动作要点　下蹲时，膝盖不要超过脚尖。

训练要领　频率：8~12次/组；1~3组/天。

呼吸：起立时呼气，下蹲时吸气。

常见错误　膝盖超过脚尖；身体未保持正直。

第十三节
足内翻

1 现象

自然放松站立时，发现有单侧或双侧足部形态异常，呈现内收、内翻、马蹄畸形的现象。

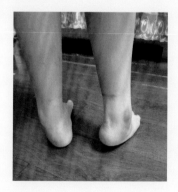

2 评估

自然放松站立时，从背面观察脚踝连线的中点垂直投影落在足跟部中点的内侧。

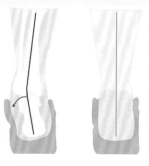

足内翻　　　　正常

3 成因

1）先天性足内翻

先天性足内翻畸形有两种类型，即内因型和外因型。内因型常在家族中有类似患者，为常染色体显性遗传病。这种类型的畸形严重而僵硬，骨性排列不正常；外因型多因宫内胎儿体位异常引起。这种患儿出生后无明显严重的软组织短缩，比较容易矫正。

2）肌肉的不平衡

由使足部外翻的足外翻肌，如腓骨长短肌、第三腓骨肌等肌力过弱，或使足部内翻的足内翻肌，如趾长屈肌、胫骨前后肌等肌力过高或者紧张所致。

右脚

向内倾斜　　正常　　向外倾斜

4 危害

小腿外侧肌肉力量（腓骨长短肌）薄弱，被动拉长；小腿内后侧肌肉紧张缩短，足部受力不均衡，容易导致踝关节和膝关节疼痛。

5 哪些肌肉出现了问题

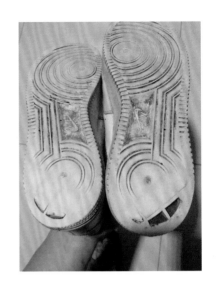

观察一下平时所穿的鞋子，如果外侧被磨得很严重，很有可能是发生了足内翻。足内翻较足外翻来说更常见，因为足外侧的韧带相对于足内侧的韧带来说要弱一些，并且足本身就有一个内翻的趋势，所以一旦足外侧的肌力越来越弱，足内翻就日益明显。发生足内翻时足外侧的肌肉就会被拉长，而足内侧的肌肉就会被缩短。

被缩短的肌肉有以下几种。

（1）胫骨前肌：我们的小腿正中可以摸到的那根骨头，叫作胫骨。胫骨的外侧可以看到一块比较膨隆的肌肉，叫作胫前肌。把脚向上勾起来时，能感受到它的运动。它除了能使我们的脚勾起来之外，还可以使脚内翻，因为它是从小腿外侧向里绕，然后连于大拇趾上

的。所以当足内翻时，胫骨前肌会被缩短。

（2）趾长屈肌和足拇长屈肌：这两块肌肉都是在小腿后深层的肌肉，其作用是屈曲脚趾和屈曲大拇指。因为它们都是从脚底一直沿着胫腓骨后侧对足底起重要支撑作用，所以足内翻时这两块肌肉会被缩短。

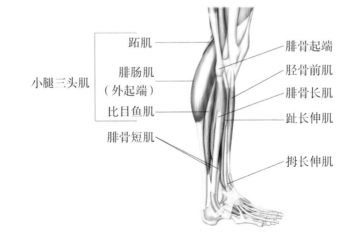

小腿三头肌

跖肌
腓肠肌（外起端）
比目鱼肌
腓骨短肌

腓骨起端
胫骨前肌
腓骨长肌
趾长伸肌
拇长伸肌

（3）足底筋膜：一般发生足内翻时，脚底会抬离地面，身体为了保持稳定，会增加脚趾的抓地能力，导致足底的表层筋膜紧张。

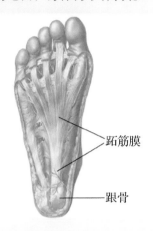

跖筋膜

跟骨

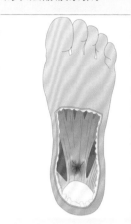

6 自我纠正方案

当出现足内翻时，可通过足趾抓地、足外翻和提踵等方案进行训练纠正。

1）足趾抓地

动作规格 将一块毛巾（弹力带）放在地上，通过足趾屈曲使毛巾（弹力带）卷起来，始终保持脚后跟放在地面上，慢慢将毛巾（弹力带）移向自己。

动作要点 身体保持正直。

训练要领 频率：10~20次/组（每组移动4~5手掌的距离），1~3组/天。

呼吸：用力时呼气，放松时吸气。

常见错误 腿部的动作进行了代偿，身体前倾。

2）足外翻训练

动作规格 坐在垫子上，弹力环套在两个脚的前脚掌外侧，两脚后跟固定不动，两脚做足外翻的动作。

动作要点 脚掌要垂直于地面。

训练要领 频率：15~20次/组，3组/天。

呼吸：足外翻时呼气，回复时吸气。

常见错误 勾脚尖。

3）侧向提踵（外侧）

动作规格 身体保持正直，双脚打开，与肩同宽，足内侧着地，外侧向上翘起。

动作要点 身体保持正直，注意保持身体平衡，防止摔倒。

训练要领 频率：8~12次/组，1~3组/天。

呼吸：向上踮起用力时呼气，放松时吸气。

常见错误 身体未保持正直。

4）正向提踵

动作规格　前脚掌站在台阶上，脚跟下沉，然后将脚后跟提起。

动作要点　保持脚尖指向前方，可以使用单腿做提踵练习进行进阶，提踵时稍快，下放时稍慢，膝关节始终保持伸直。

训练要领　频率：8~12次/组，1~3组/天。

呼吸：用力时呼气，放松时吸气。

常见错误　脚踝发生旋转，膝关节发生太多屈曲动作。

第十四节
足外翻

1 现象

自然放松站立时，发现有单侧或两侧足部形态异常呈现外翻、仰伸畸形的现象。

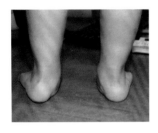

2 评估

自然放松站立时，从背面观察脚踝连线的中点垂直投影落在足跟部中点的外侧。

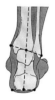 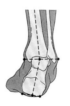

正常　　　足外翻　　　足内翻

注：图中脚部模型均为右脚

3 成因

1）先天性足外翻

伴有足外翻的脑瘫患儿，为上运动神经元损害，失去对下运动神经元的控制，会引起小腿肌张力异常，导致足外翻。

2）肌肉的不平衡

肌肉的不平衡是由足外翻的肌肉，如腓骨长短肌、第三腓骨肌等肌力过高或者紧张，或使足内翻的肌肉，如趾长屈肌、胫骨前后肌等肌力过弱所致。

4 危害

足外翻，小腿外侧肌肉力量（腓骨长短肌)紧张、缩短，小腿内后侧肌肉薄弱无力，足部受力不均衡，容易导致踝关节和膝关节疼痛。

5 哪些肌肉出现了问题

足外翻和足内翻刚好相反，脚跟会往外翻，表现在穿鞋子时内侧会被磨损得比较严重。足外翻时足内侧的肌肉会被拉长，而足外侧的肌肉会被缩短。

被缩短的肌肉有以下几种。

（1）腓骨肌群：包括了腓骨长肌、腓骨短肌。腓骨是在胫骨外侧的一根相对细长的骨头，它只有最上端的头能在体表摸到，但它上边附着的腓骨长、短肌是使足外翻的重要肌肉，所以当足外翻时，这两块肌肉会相应地缩短。

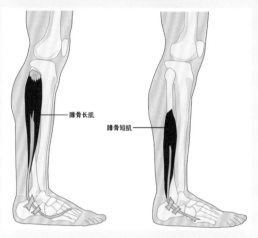

腓骨长肌
腓骨短肌

（2）腓肠肌：在我们的小腿后侧，最表层且最膨隆的那块肌肉就是腓肠肌。跟腱就是它的下行部分。跟腱连于跟骨上，当发生足外翻时，跟骨也会往外翻，导致连于跟骨上的肌肉被缩短。

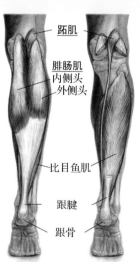

跖肌
腓肠肌
内侧头
外侧头
比目鱼肌
跟腱
跟骨

（3）比目鱼肌：腓肠肌和比目鱼肌合称小腿三头肌，比目鱼肌是在腓肠肌深层的一块肌肉，它从小腿后向下也连于跟腱上，比目鱼肌也会随着足外翻而被缩短。

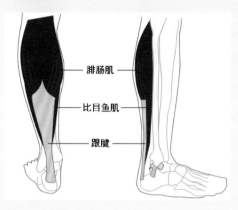

腓肠肌
比目鱼肌
跟腱

6 自我纠正方案

当出现足外翻时，可通过足趾抓地、足内翻和提踵等方案进行训练纠正。

1）足趾抓地

动作规格　坐位：将一块毛巾放在地上，通过足趾屈曲使毛巾卷起来，始终保持脚后跟放在地面上，慢慢将毛巾移向自己。

动作要点　身体保持正直。

训练要领　频率：10~20次/组（每组移动4~5手掌的距离），1~3组/天。

呼吸：用力时呼气，放松时吸气。

常见错误　腿部的动作进行了代偿，身体前倾。

2）足内翻训练

动作规格　坐在垫子上，找一弹力带绕在一侧脚的前脚掌上，找一个朋友在你脚的外侧拉住弹力带，直至足底能感觉到中等强度的拉力，脚掌发力做足内翻的训练，做到规定的次数。

动作要点　注意保持脚掌垂直于地面，内翻时想象自己在用脚使用勺子盛饭的感觉。

训练要领　频率：15~20次/组，3组/天。

呼吸：足内翻时呼气，回复时吸气。

常见错误　伸脚尖，速度过快。

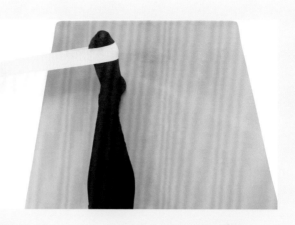

3）侧向提踵（内侧）

动作规格　身体保持正直，双脚打开与肩同宽，足外侧着地，内侧向上翘起。

动作要点　身体保持正直；注意保持身体平衡，防止摔倒。

训练要领　频率：8~12次/组；1~3组/天。

呼吸：用力时呼气，放松时吸气。

常见错误　身体未保持正直。

4）正向提踵

动作规格　前脚掌站在台阶上，脚跟下沉，然后将脚后跟提起。

动作要点　保持脚尖指向前方；可以使用单腿提踵练习进行进阶；提踵时稍快，下放时稍慢；膝关节始终保持伸直。

训练要领　频率：8~12次/组，1~3组/天。

呼吸：用力时呼气，放松时吸气。

常见错误　脚踝发生旋转，膝关节发生太多屈曲动作。

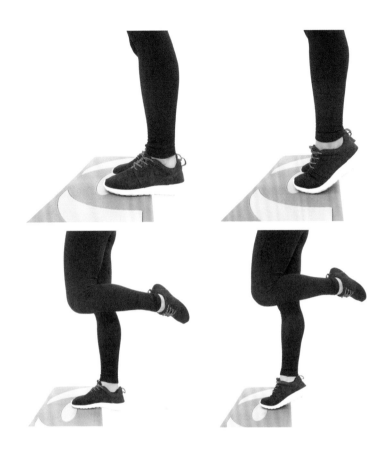

第十五节
扁平足

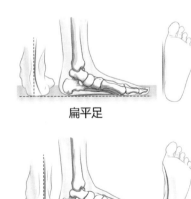

扁平足

正常足

① 现象

　　自然放松站立时，发现脚丫塌陷，整个脚底贴到地面，甚至不留任何缝隙。

2 评估

从侧面观察，足的内侧足弓塌陷，脚的内侧与地面空隙减小，足弓消失。足弓高度为足高，是指站立位患足的X线片上，测得舟骨下缘到第一趾骨头底面与跟骨着地距面间垂直连线的高度。

正常人的足弓高度为14~18mm，低于14mm的为扁平足。

简单高效的测试方法：自然站立状态下，足弓区域无缝隙为扁平足，放下一个手掌厚度为正常足，能够放下两个手掌厚度为高足弓。

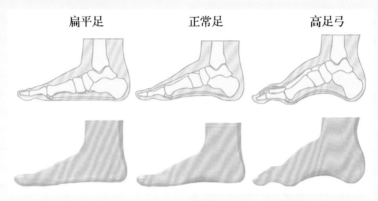

扁平足　　　　　正常足　　　　　高足弓

3 成因

1）先天性扁平足

先天性扁平足是先天性发育不良、遗传或足部骨骼肌肉异常造成的。

2）继发性扁平足

其他疾病，如关节退变、创伤、糖尿病、类风湿关节炎、神经性病变、肿瘤、胫后肌腱功能不全等，也可能导致扁平足的发生。

3）不良习惯

经常穿鞋底较平的凉鞋和人字拖鞋，这种鞋对足弓缺乏支撑，而且长时间穿这种鞋容易导致足部疲劳，使足弓塌陷下去，增加了足底与鞋底的支撑面积，长此以往形成了扁平足。

4 危害

扁平足，是指正常足弓的缺失，或者称为足弓塌陷。扁平足的人没有能够稳定支持身体和走路时起到弹簧作用的脚心，因此身体的稳定性差，长期站立或行走，足部和腿部会有疼痛、肿胀的感觉。走路姿态异常，会给患者心理上造成一定的影响。此外，腿部疲劳会增加腰椎的负担，进而影响脊柱健康。

5 哪些肌肉出现了问题

扁平足姿势很容易辨别出来，足弓消失，看起来脚掌很宽大。从侧面看整个脚掌会和地面接触，脚趾会稍微往外侧，把脚底沾湿再踩在地上会发现脚底接触的面积很大。扁平足人群经常在跑步完以后会出现足跟、足底、脚踝区域的疼痛。

扁平足姿势和足外翻有点类似，内侧足弓都会受压更大，足内侧的韧带和肌肉都会被拉长，而足外侧的肌肉会被缩短。

1）被缩短肌肉

腓骨长肌、腓骨短肌：是两块小腿外侧的肌肉，它们从小腿上端向下走行连于小脚趾，无论是足外翻还是扁平足姿势下，由于有个外翻的应力，因此它们都会被缩短。

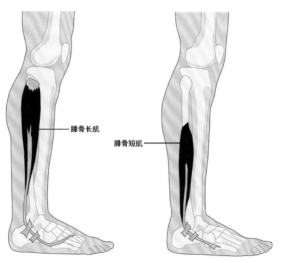

腓骨长肌

腓骨短肌

2）被拉长肌肉

足内侧肌群、足底筋膜：扁平足姿势下，足有一个外翻的趋势，足内侧肌群（胫骨前肌、趾长屈肌和足拇长屈肌）会被拉长。扁平足时足底与地面过度接触，也会使得足底筋膜被过度拉长。

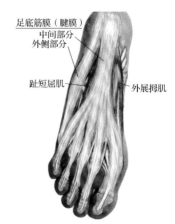

足底筋膜（腱膜）
中间部分
外侧部分
趾短屈肌
外展拇肌

6 自我纠正方案

当出现扁平足时，需要更换有良好足弓支撑的鞋子，足弓与鞋底的弧度要相一致，脚尖和脚背不应受到鞋子的挤压，过松或者过紧都不合适，尽量少穿人字拖鞋和凉鞋。

扁平足的训练纠正方案包括足底筋膜放松、足背屈肌群拉伸、足趾抓地和提踵等。

1）足底筋膜放松

动作规格 光脚站在垫子上，把筋膜球或网球踩在脚下，向下挤压并前后移动。

动作要点 向下踩的力适当即可，滚动不要太快，滚动的范围是整个足弓，不要滚动脚趾或者足跟；特别酸痛的地方可以着重滚动。

训练要领 频率：前后30次/组，3~5组/天。

呼吸：保持均匀呼吸即可。

常见错误 过轻或者过重。

2）足背屈肌群拉伸

动作规格 光脚跪在垫子上，两个膝盖的内侧和脚的内侧都并拢，伸脚尖，臀部慢慢坐向脚后跟，直至小腿前侧和足背肌群有中等强度的拉伸感。

动作要点 过程中脚尖和脚后跟要保持并拢，不要分开。

训练要领 频率：15~20s/组，3组/天。

呼吸：保持均匀呼吸即可。

常见错误 身体前倾；脚跟分开。

3）足趾抓地

动作规格 将一块毛巾（弹力带）放在地上，通过足趾屈曲使毛巾（弹力带）卷起来，始终保持脚后跟放在地面上，慢慢将毛巾（弹力带）移向自己。

动作要点 身体保持正直。

训练要领 频率：10~20次/组（每组移动4~5手掌的距离），1~3组/天。

呼吸：用力时呼气，放松时吸气。

常见错误 腿部的动作进行了代偿，身体前倾。

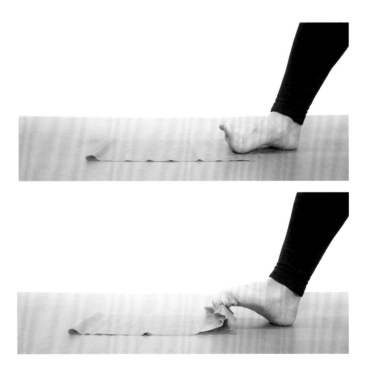

4）勾脚尖提踵

动作规格 双脚前脚掌踩在地面或台阶上，手扶墙保持身体稳定，慢慢勾脚尖到最大幅度，然后向上提踵，至最大位置后慢慢回复到起始位置，做到规定的次数。

动作要点 过程中身体要保持稳定，脚踝保持中立位。

训练要领 频率：15~20次/组，3组/天。

呼吸：向上时呼气，下落时吸气。

常见错误 身体晃动，足部有内翻或者外翻动作。

第十六节
高足弓

① 现象

自然放松站立时，发现脚的内侧与地面的距离过大。

② 评估

足弓高度为足高，是指站立位患足的X线片上，测得舟骨下缘到第一趾骨头底面与跟骨着地面间垂直连线的高度。正常人的足弓高度为14~18mm，高于18mm的为高足弓。

简单高效的测试方法：自然站立状态下，足弓区域有两个手掌的厚度则判断为高足弓。

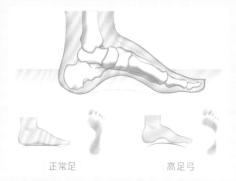

正常足　　　　　高足弓

3 成因

1）先天性因素

某些病例有明确的家族史，或者是与母亲怀孕期间间接接触有害因素有关，如农药、有机溶剂、重金属等化学品。

2）神经肌肉性疾病

神经损伤造成足跖侧挛缩导致足纵弓增高。

3）肌肉的不平衡

足底的内在肌及筋膜比较紧张，而足背侧的肌肉力量相对薄弱。

4 危害

高足弓容易导致走路不稳，通常高足弓的双脚走路会有外八字、脚趾后缩的现象，行走时因足跟骨向内翻转，引起肌腱力不平衡、重心前倾。

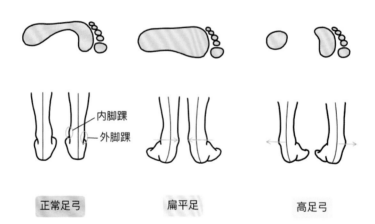

正常足弓　　　　扁平足　　　　高足弓

5 哪些肌肉出现了问题

和扁平足刚好相反，高足弓是指足弓过高，脚底和地面的接触面积变小，内侧足弓更明显。因为高足弓导致脚底和地面接触面积变小，为了增强稳定性，往往会使用脚趾抓地来增加站立的稳定性，从而出现爪状趾。

被缩短的肌肉有以下几种情况。

（1）足底筋膜：因为足弓的抬高，脚趾蜷缩，足底筋膜会变得紧张。

（2）趾长屈肌、足拇长屈肌和胫骨前肌：这三块肌肉都是从小腿向足内侧走行，最终连于大脚趾（第一趾骨底）的，当内侧足弓抬高时，第一趾骨也会抬高，所以连于第一趾骨的这三块肌肉会被缩短。当发生爪状趾时，使脚趾屈曲的趾长屈肌和足拇长屈肌也被缩短。

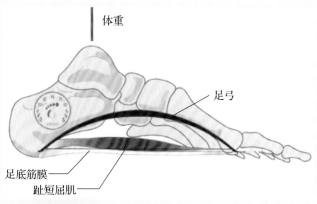

体重

足弓

足底筋膜

趾短屈肌

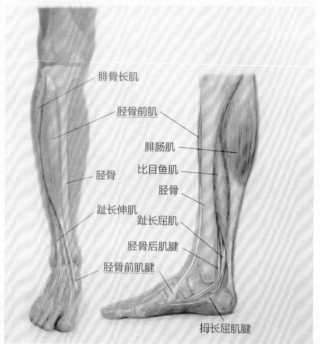

腓骨长肌

胫骨前肌

腓肠肌

比目鱼肌

胫骨

趾长伸肌

趾长屈肌

胫骨后肌腱

胫骨前肌腱

胫骨

趾长屈肌

拇长屈肌腱

⑥ 自我纠正方案

当出现高足弓时，需要更换有良好足弓支撑的鞋子，足弓与鞋底的弧度要相一致，或者定制适合自己脚型的矫正鞋垫。脚尖和脚背不应受到鞋子的挤压，过松或者过紧都不合适，尽量少穿人字拖鞋和凉鞋。

高足弓的训练纠正方案包括网球放松足底肌肉和筋膜、激活足背肌肉和外翻肌肉等方案。

1）网球放松足底肌肉和筋膜

动作规格 坐位或者站立位，将网球放于足下，左右前后来回滚动。

动作要点 逐渐增加足下的压力。

训练要领 频率：2min/组，1~3组/天。

呼吸：正常呼吸即可。

常见错误 身体不平衡，摔倒。

2）激活足背肌肉和外翻肌肉

动作规格 双腿并拢光脚坐在垫子上，用一弹力环套在两个前脚掌上，脚后跟不动，两个前脚掌相互分开的同时勾脚尖到最大范围稍停顿，然后慢慢回复到起始位置，做到规定的次数。

动作要点 动作过程中两腿始终保持伸直并拢。

训练要领 频率：15~20s/组，

3组/天。

呼吸：保持均匀呼吸即可。

常见错误 动作过快。

第十七节
身体不正

1 现象

自然放松站立时，发现身体总是偏向一侧或者向一侧旋转。

2 评估

自然放松站立，双脚与肩同宽，然后身体缓慢向前屈，并从背面观察身体是否偏向一侧，如果偏向一侧，则说明身体不正。

3 成因

1）不良姿势习惯

总是一个方向跷二郎腿，经常用一

只手拿重物、看书或托腮等，使身体两侧肌肉不平衡，一侧肌肉紧张，另一侧肌肉松弛，一侧肌肉力量大于另一侧，导致身体习惯性地处于非中立位。

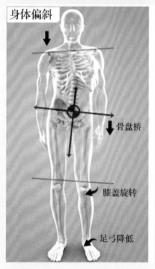

身体偏斜

骨盆桥

膝盖旋转

足弓降低

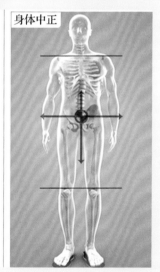

身体中正

2）不科学的训练

长时间保持单侧肢体参与运动特别是进行持拍项目的运动，如进行乒乓球、网球、羽毛球的练习，某些特定的舞蹈练习动作，等等，如果长期进行类似的训练后又缺乏对该侧肌肉进行及时放松，久而久之便会导致一侧肌肉紧张，另一侧肌肉松弛，一侧肌肉力量大于另一侧肌肉力量，让身体习惯性地处于非中立位。

④ 危害

身体不正，是指身体有左右侧倾或者旋转，背部两侧肌肉力量不平衡和腹部两侧肌肉力量不平衡。身体不正，会使身体各部位的位置发生变化，容易使身体发生损伤，影响身体的生长发育。

⑤ 哪些肌肉出现了问题

身体不正，主要与躯干部肌肉力量的不对称有关，背部或腹部肌力不平衡。

1）背部相关肌群

（1）背阔肌：背阔肌是在我们的背部两侧的一块扁平的大肌肉，从胸椎一直向下延伸到骨盆上端，是覆在腰背部最外层的肌肉。

（2）斜方肌：斜方肌是一块从颈部一直到胸椎部分的肌肉，还连带着肩的肌肉，它组成了背部的上段，对颈、肩关节的运动和背部的力量有重要的作用。

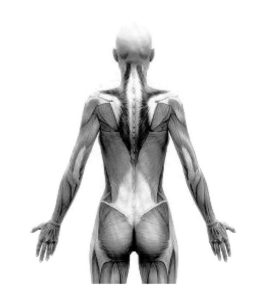

（3）竖脊肌：竖脊肌不是单一的一块肌肉，而是由很多肌束共同组成的一条从颈部到骨盆上端的一长条肌肉，若背部竖脊肌两侧的肌力不平衡，会出现很多腰背部的问题。

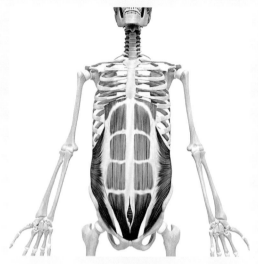

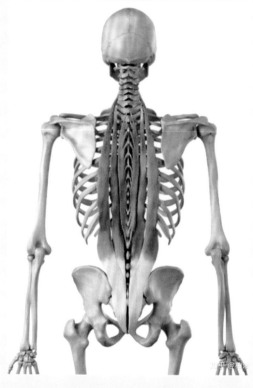

6 自我纠正方案

当身体不正时，可通过左右侧弯、左右旋转和平板支撑等方案进行训练纠正。

1）左右侧弯

动作规格 自然站立，左手负重，放于左腿外侧，右手固定于头后，上半身缓慢向左侧弯曲，自髋关节以下下半身保持固定。

动作要点 保持头部和颈椎、胸椎良好地对位对线，下巴向内收。

训练要领 频率：8~12次/组，3组，换对侧。

呼吸：身体回复直立时呼气，身体向下弯曲时吸气。

常见错误 颈部侧屈，耸肩。

2）腹部的肌肉

腹肌：腹肌分为腹外斜肌、腹内斜肌、腹横肌和腹直肌，是呼吸的辅助肌，并且对核心的稳定性起着很重要的作用。核心的力量不足会导致四肢的稳定性不足，腹肌的力量不对称也可能会使身体不能保持在正中位而出现身体不正。

2）左右旋转

动作规格 双脚打开，与肩同宽，微屈髋、屈膝，将弹力带的一端固定在墙上，另一端双手握住，双上肢伸直于腹前；双上肢和上半身为一整体，同时对抗弹力带的阻力，向另一侧旋转，再回到起始位。

动作要点 通过将双上肢伸直于胸前增加阻力，或者通过改变弹力带来改变阻力；膝盖微屈，不要超过脚尖，与脚尖保持在同一直线上。

训练要领 频率：12~15次/组，3~4组/天。

呼吸：旋转用力时呼气，放松时吸气。

常见错误 上半身和双上肢未保持为一个整体进行旋转；上半身未保持正直。

3）平板支撑

动作规格 俯卧四点（双肘和双脚）支撑，保持背部平直，腹部和臀部收紧，身体成一条直线；肘部在肩部的正下方，前臂与地面紧贴，肘关节与身体成90°夹角；双腿伸直，双脚分开支撑于地面。

动作要点 身体保持一条直线，不能塌腰抬臀；四点支撑完成较好后，可以逐渐抬起腿或上肢做三点支撑；在静态平板做较长时间后，可以加上动态动作。

训练要领 频率：静态训练在保证动作质量的同时尽可能保持较长的时间；动态训练12~15次/组，3组/天。

呼吸：用力时呼气，放松时吸气。

常见错误 身体未保持一条直线，身体发生扭转；塌腰抬臀。

Q 未成年人形成驼背的原因有哪些？

A 未成年人的骨骼有机物成分较多，骨骼韧性较好，具有较大的可塑性。骨骼中无机盐较少，脊柱周围的肌肉韧带还很柔弱，如不保持正确的姿势，很容易形成畸形。青少年如果看书、写字时的姿势不端正，经常性的单侧肌肉紧张，如单肩背书包等，日久便会造成习惯性耸肩、驼背，这种姿势异常不但影响形体美，还会妨碍内脏器官的正常发育和功能，使肺活量降低，脊柱的弹性减退。此外，形成驼背的另一个重要原因是缺乏体育锻炼。

Q 穿高跟鞋可以纠正驼背吗？

A 不能。高跟鞋会改变正常体态，使腰部挺直，但是长期穿高跟鞋对步态和足部，甚至对下肢及骨盆的骨骼肌肉都会产生不良影响。长期穿高跟鞋会影响足部正常血液循环，引发拇外翻和关节炎等疾病，而且增大的地面冲击力可能出现下肢及背部疼痛、关节功能减退等健康问题。因此，想通过穿高跟鞋矫正驼背是不可行的。

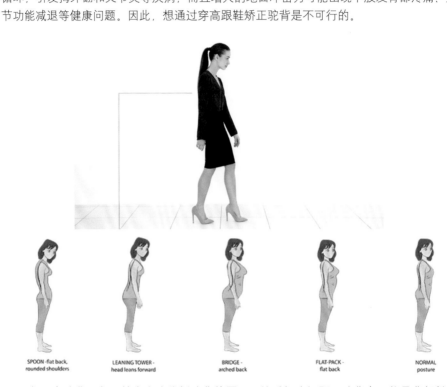

SPOON -flat back, rounded shoulders   LEANING TOWER - head leans forward   BRIDGE - arched back   FLAT-PACK - flat back   NORMAL posture

　　如果有驼背现象，首先应该分析驼背的原因，然后解决问题。驼背有可能是背部长时间负重导致，如青少年儿童书包负重过大会使前胸及腹肌肌力增强，背肌肌力下降，导致驼背。因此，建议青少年采用背、前挂、左右斜挎、手提等几种方法交替进行。也有可能是不良姿势使胸背部肌肉不平衡导致的驼背。大多数人都有长时间伏案工作或开车，而将手放在前方的键盘或方向盘上，久而久之就习惯了弯腰驼背的姿势，因连锁效应引起胸部、颈部同肩膀本身发生变化。这个姿势使得背部的菱形肌、斜方肌中下部肌肉，甚至胸椎伸展肌延长并变弱，胸肌和肩关节内转肌群变短变紧。身体觉察认知能力低及日常生活中的动作习惯不好也是形成驼背的原因。动作模式上的缺陷，会对肌肉骨骼系统造成负面影响，长期下来，积累的伤害会导致姿势异常。

第三章

姿势矫正的方法

人体是一个复杂的有机整体，简单的姿势问题也会引起严重的功能障碍和身体机能的退化。如果不注意，就会造成驼背、颈前伸等错误姿势，时间久了，还会引起腰酸背痛、消化功能减退、头痛和疲劳等不良反应，极大地影响身体健康。

人体就像一座建筑物，应该处于垂直的位置，可以有效抵抗重力的作用。垂直作用于人体，对关节的压力最小。没有肌肉过分用力地收缩或伸展，也没有韧带过分地缩短或拉长，整个身体处于一个平衡的状态，这时人体的运动才最有效率也最安全。

这种平衡是通过身体各个部位的肌肉协同用力来实现的。如果这种平衡被打破，身体某一个部位出现了姿态问题，那么身体就会通过其他部分进行"补偿"，从而获得一种新的平衡。但这种平衡往往是非常脆弱的，一些肌肉由于"补偿"的问题过度紧张而变得僵硬，另一些肌肉会因为长期不用变得极度软弱，这是一个整体的变化。一个部位出现问题，通常是由其他环节出现问题引起的。

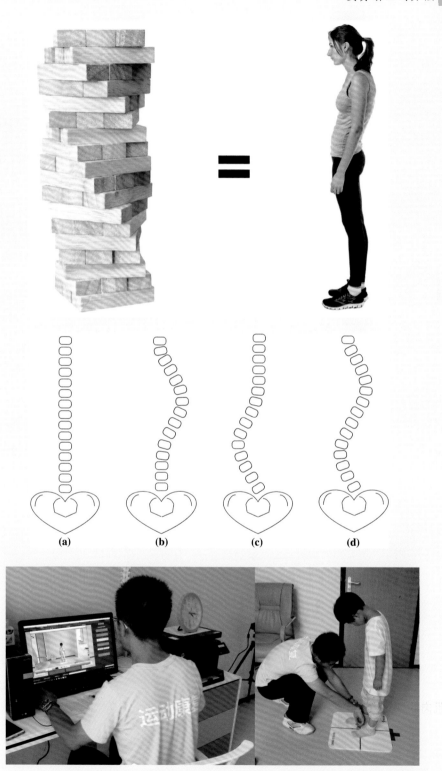

(a)　　　　(b)　　　　(c)　　　　(d)

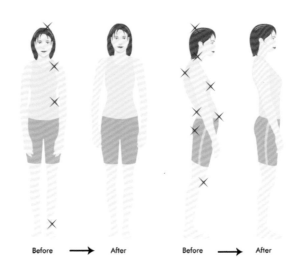

Before   →   After   Before   →   After

如果不能及时而有针对性地采取措施来矫正错误的身体姿势，更多的错误或"补偿"就会出现。这个过程不断继续，身体姿势的改变逐渐成为功能性姿势不良，肌肉对姿势的偏离就相应地做出适应性的改变，破坏肌肉合理的受力情况，从而导致有些肌肉会过度紧张和缩短，另一些肌肉变弱和拉长。对于功能性姿势不良，通过运动疗法和手法治疗即可干预，打破恶性循环。

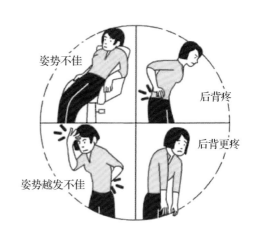

姿势不佳

后背疼

姿势越发不佳

后背更疼

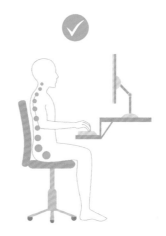

让我们通过案例来更好地了解一下，姿势矫正的几种方式是如何使不良姿势逐渐恢复正常的。通过案例可以看到，针对功能性姿势不良，一般采取运动按摩、手法和理疗仪器对肌肉进行放松，在肌肉放松之后采取运动训练的方式增强肌肉力量，使骨骼主动回到正常的位置，从而恢复到正常姿势。通过案例可以进一步理解，姿势矫正是一个循序渐进的过程，需要根据不同阶段的不同情况不断地调整治疗方案。本章将重点介绍姿势不良的不同治疗方法，以及相互之间是如何配合进行的。

◆◇主诉　》

男，11岁，爱好打篮球，经常"葛优躺"，姿势不良。

◆◇评估　》

骨盆侧倾，高低肩明显；核心肌群耐力不足，后背尤其明显。

◆◇康复　》

行淋巴引流手法松解后侧链，配合raptor筋膜枪进行深筋膜松解，调理脊柱位置，3D拉伸改善下肢柔韧性；介入躯干稳定性训练，姿势教育。

◆◇反馈　》

身体变得轻松了，姿势逐渐回正，平时肩和脖子也不累了。

第4次康复持续跟进中。

治疗前　治疗后

治疗前　治疗后

治疗前　治疗后

第一节
运动疗法

不良姿势的矫正主要利用功能性姿态矫正进行改善。功能性姿态矫正主要针对普通人群，解决日常生活习惯导致的姿态问题，以此打破不断持续的"错误代偿"过程。姿态训练实际上是侧重

提高大脑对身体的控制能力，也就是本体感觉和肌肉控制能力。

身体正确位置的维持需要相应深层肌肉长时间地收缩，实际上就是要提高关节周围最深层、主要维持身体姿势的肌肉。提升这些肌肉的力量可以影响关节的排列，从而促进表层的肌肉控制四肢产生更高效的动作，因此，所有的肌

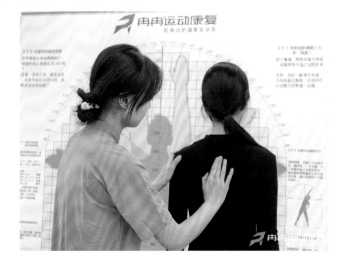

肉力量练习应尽量选择静力性的或速度较慢的动作，并且全程都要关注神经系统的参与。动作过程尽量避免快速的、爆发性的练习。

此外，还要改善由于不良姿势造成的局部肌肉力量变弱，同时定期伸展那些维持姿势而长期处于紧张的肌肉，注重这两个层面的干预可以改善身体姿势，让动作变得更高效。

比如，当头伸到身体的前方时，肩膀也随之向前，胸部下沉，此时肩部肌肉就会负担过重，处于紧张状态而使头部抬起，这种姿势还会使颈部肌肉过于紧张，并且通常容易受伤。

人体的每个关节都是由至少两组肌肉控制的，分别是使关节弯曲的屈肌、使关节伸直的伸肌，某些关节产生旋转。这些屈肌、伸肌和旋转肌需要维持在相对平衡的状态才能确保身体获得良好的姿势，从而保证身体的健康，但不良的身体姿态常常与关节周围的肌肉张力不一致有关。

当屈肌比伸肌紧张时，所产生的不均衡力量就会使关节不能维持在关节腔内，从而出现关节力线不佳的情况，在这种状态下活动，身体很容易受伤。我们可以通过身体姿态的矫正练习来使紧张的肌肉放松，如使用牵拉的方法。

通过力量训练的方法可以使力量相对薄弱的肌肉得到提升，从而让身体关节的功能逐渐趋于正常，这样身体维持正常的姿势便不需要让肌肉长时间超负荷工作，使身体各关节的功能恢复正常。

Q 练习 CrossFit 能改善体态吗？

A CrossFit 健身训练体系起源于美国，它与健身健美不同，不以身体外形为主，不强调孤立的肌肉训练，而是以获得特定运动能力为目标。它通过多种以自身重量、负重为主的高次数、快速、爆发力的动作来增强自己的体能和运动能力，以发展有氧／心肺功能、耐力、力量、灵活性、爆发力、速度、协调性、敏捷性、平衡性和准确性 10 个身体要素，完成运动所需要的条件。

CrossFit 健身训练体系中的动作强度较大，而且有很多挺举杠铃、深蹲等动作，对于没有一定健身基础的人来说难度很大，危险系数也很高。因此不建议使用 CrossFit 训练改善体态。如果有体态问题的，应根据自身的体态问题设计相应的训练计划，若没有进行合理的体态矫正就选择 CrossFit 进行负重训练，容易导致身体关节出现更严重的力学失衡问题，进一步诱发关节功能受限，甚至诱发慢性疼痛。

第二节
物理治疗

物理治疗是指运用光、热、冷、水、机械等物理因子，对人体的病变进行非侵入性的治疗，以促进人体健康、预防和治疗疾病、改善功能。物理治疗包括物理因子治疗、手法治疗、矫形器干预等。实施物理治疗时是通过物理治疗师与患者、家庭成员的相互协作，从而达到治疗目的。患者首先要进行物理功能检查、评估和诊断，制定出治疗程序后，再对患者实施全面综合的物理治疗和健康教育，并通过有关反馈来调整治疗方案或终止物理治疗，同时安排家庭指导作为物理治疗的延伸。目前，不良姿势已成为大众关注的焦点，而物理治疗通过评估可提供对患者有针对性、个体化的康复方案以使患者获得最大潜能的理念，已经逐渐深入人心。

1 物理因子治疗

物理因子是指光、热、电、磁、声、气体、水等，将这些因子作用于肌体，进行保健和疾病治疗，就是物理因子治疗，简称理疗。首先，各种物理因子直接作用于身体某部位，改善局部的不适感及症状，如颈、肩、腰、腿痛，

浑身无力、肥胖、便秘等，并有加快血液循环、促进有毒及致痛物质排出体外的作用。典型的治疗手法有中频电疗、低周波、超声波、半导体激光、红外线、磁疗、蜡疗等。其次，各种物理因子作用于皮肤、肌肉和其他感觉器官(如眼、耳、鼻)进行良性刺激，使大脑对其进行整合作用，通过肌体进行神经或体液调节，从而恢复和维持人体平衡，使烦躁、失眠、头痛、胸闷等症状得以改善和消除。例如，音乐治疗、生物反馈、色光治疗、芳香治疗、水疗、空气离子疗法等。

物理因子治疗在不良姿势矫正中的作用不可取代。不良姿势往往意味着肌肉的不平衡，在物理治疗师的指导下使用一

些理疗仪器可以缓解肌肉的紧张和痉挛。有时候，不良姿势只会影响人的形象和气质。但是，如果在姿势不良的前提下还进行了超负荷的运动，那么特定关节则容易出现一些疼痛，甚至运动损伤。因此，在对其进行手法治疗和运动训练之前，经常需要采取一些物理因子治疗的手段，缓解其疼痛，以便进行下一步的干预。总而言之，物理因子治疗常常作为手法治疗和运动治疗的辅助手段，只有相互配合才能达到最佳效果。

② 手法治疗

针对不良姿势的矫正，主要有关节松动术、整脊技术、运动按摩等。姿势异常通常是一种肌肉、韧带的功能性失衡，还没有造成骨头的病变。不良的姿势会导致肌肉的力量和柔韧性变差。肌肉不是一个简单的粗大的块状物，而是由数百个乃至数千个非常细的肌肉纤维汇集而成的组织，其中还贯穿着血管和神经。试想，肌肉变得紧张，就会影响血液循环，使肌肉产生的代谢废物无法被排出而营养又无法被输送到，导致肌肉酸痛、头痛等，压迫神经还会导致肢体麻木，力量进一步下降。肌肉并非独立存在于人体之中，其两端借助肌腱等附着于骨上，肌肉收缩将力量传递到骨上引起运动。如果肌肉紧张或力量不足则会将骨拉向不正确的位置，肌肉、韧带功能失衡将引起骨骼、脊柱、关节的位置异常，形成脊柱侧弯等异常姿势。

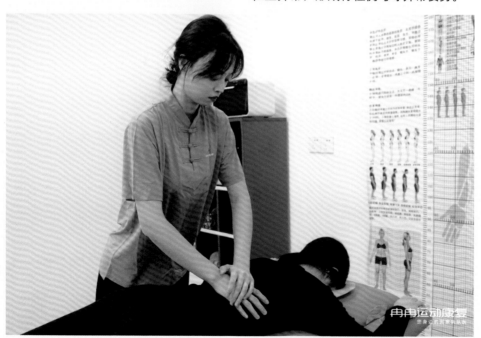

运动按摩和牵拉技术一样，使紧张的肌肉得以放松，而关节松动术和整脊技术，则是由专业的物理治疗师操作，将处于不正确的骨骼位置，使用一定外力，使其回到正常位置，并且对骨骼周围的软组织进行了一定的松解。通过这样的方式，再配合运动疗法，使连接骨骼的肌肉恢复到正常状态，让骨骼逐渐回到正确位置，并保持在正确位置。科学的关节松动术和整脊技术，使不良姿势的矫正更加高效，而运动疗法巩固了关节松动术和整脊技术的治疗效果。要想达到良好的治疗效果，两种治疗方法相辅相成，缺一不可。例如，使用侧扳的手法治疗脊柱侧弯，这一手法不仅能够进一步松解凹侧肌肉的紧张，还可矫正不等宽的椎间隙，靠推挤的作用力使椎间隙恢复正常，使椎骨回到正常位置，达到治疗的目的。手法治疗和运动疗法等相配合的治疗方案操作简便、安全有效、无损伤、无副作用，是长期治疗青少年脊柱侧弯的一种较为理想的康复方法。

③ 矫形器干预

对于矫正姿势不良的矫姿带，如背背佳等，在矫正过程中多起到的是辅助作用，需要配合不良姿势纠正和习惯，以及采取物理因子治疗、手法治疗、运动训练等。因为矫姿带的作用多是被动的，使姿势被动处于正确的姿势，而肌肉并没有主动进行运动，骨骼也并没有真正回到正确的位置，所以姿势的回复也只是暂时的，摘掉矫姿带极易反弹。

根据相关研究表明，对于青少年的特发性脊柱侧弯，矫形器配合功能性训练的方式可以得到更佳的康复效果。矫形器有利于增加青少年患者的骨密度，减轻废用性肌萎缩现象的出现；功能锻炼进行辅助治疗能有效增强患者的骨骼密度，使脊柱凹侧的肌肉力量增强，运动按摩使凸侧紧张的肌肉得到放松；配合关节松动术，使脊柱的各个骨头更容易回复到正确位置，并且可以维持住。

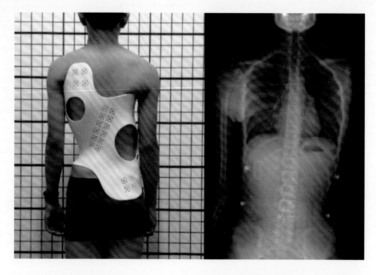

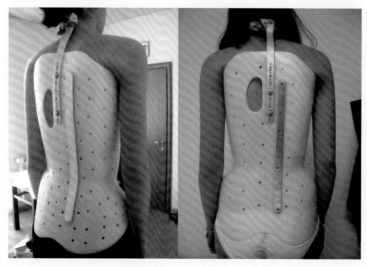

矫形鞋垫属于下肢矫形器，通过矫形鞋垫，可以重新分布足底压力，改善下肢力线，调整足弓位置和角度，以达到矫正的目的。人是一个整体，足部的改变会逐渐影响下肢生物力线，直至脊柱。因此，矫形鞋垫不仅可以矫正足部畸形，甚至可以矫正下肢X型腿、O型腿等。矫形鞋垫有不同的类型和硬度等，根据个人的特点进行测量和制作，具有针对性，需要专业人士来制作。矫形鞋垫的使用也需要配合其他治疗方式，才能达到最佳的治疗效果。

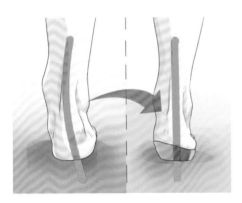

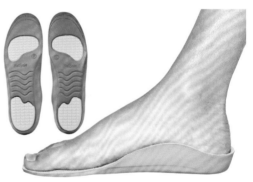

第三节
手术治疗

手术治疗主要用于先天性姿势不良，如先天性斜颈、维生素缺乏性佝偻病等。这些不良身体姿势是结构性的，而不是功能性的，很难通过姿势的矫正得到恢复。而有一些后天形成的功能性姿势不良，如果不及时通过运动疗法和手法治疗进行干预，就会恶化到必须用手术进行治疗，严重的颈椎病，就需要手术治疗。虽然通过手术可以保持躯干平衡、改善外观、阻止病程进展，但手术治疗需有手术指征，且手术治疗的难度高、费用高、并发症多且风险高等弊端不容忽视。

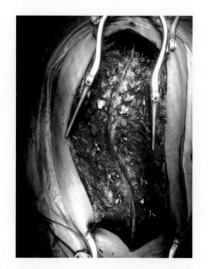 

即使决定要进行手术，在手术之前也要进行充分的适应性锻炼。因为手术会对关节的韧带与软组织造成一定程度的伤害，术后也需要结合正规的运动康复才能更好地恢复。发现身体姿态问题应该先尝试选择正规的运动康复机构进行全方位的身体评估，结合科学锻炼，观察身体的改善情况，如果身体姿势问题没有实质性改善，再选择手术治疗。此外，手术治疗只是改变了骨骼的位置，无法改善神经系统控制肌肉产生正常的动作。因此，如果能在术前进行适应性训练，也有助于术后身体尽快适应后续的康复训练，从而恢复关节与肌肉的功能，最终获得相对完美的体态。

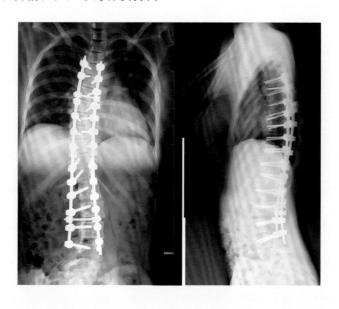

手术后要尽早进行康复训练，随着病情逐渐趋于稳定，可以适时采取一些呼吸、踝泵、直腿抬高等训练，这样不仅有利于术后创伤的恢复，还能有效地防止肌肉萎缩和并发症，然后采取一些功能性训练。

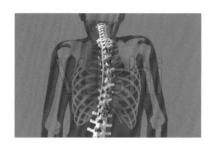

Q 使用背背佳可以改善青少年的驼背问题吗？

A 单纯依赖背背佳，无法使青少年的驼背问题得到实质性的改善。

青少年驼背一般有以下几个原因。

（1）拮抗肌群之间不平衡。青少年驼背多是由于胸部肌肉紧张与上背部肌肉无力，即拮抗肌群之间不平衡造成的。

（2）身体觉知动作的能力较低，且日常生活中的动作习惯不好。动作模式上的缺陷，对肌肉骨骼系统造成负面影响，长期积累的伤害会导致身体姿势异常。

脊柱侧弯严重到一定程度就形成了驼背。

使用背背佳可以预防青少年的不良姿势，提醒青少年保持良好姿势，从而避免驼背。对于肌肉力量和柔韧性不平衡造成的驼背姿势，背背佳在一定程度上可以使青少年保持良好姿势，避免加重驼背，但是背背佳只是让身体被迫维持一个比较良好的姿势，一旦摘下来，极易出现反弹。因此，主要还是结合科学的身体评估，进行运动训练和物理治疗，从神经系统层面锻炼大脑对身体的控制能力，只有神经系统的改善才能达到最佳治疗效果。如果青少年的驼背伴随有脊柱侧弯，需要先针对脊柱侧弯进行合理的康复再考虑矫正驼背问题。

第四章
运动与姿势健康

随着社会的发展，我国人民对教育的重视程度不断加深，青少年学业负担加重，特别是各种电子产品的普及，客观上使青少年从事各种身体锻炼的机会大大减少，直接导致高低肩、探颈、驼背及脊柱侧弯发生率逐年升高，这些不良身体姿势严重危害着青少年的身心健康。良好的姿势是青少年生长发育的基础、健康生活的保障，让孩子养成良好的身体姿势，培养孩子的空间感、音乐感、节奏感、协调性、灵巧性、柔韧性、反应力、弹跳力等，使他们在形体、力量、意志品质等综合身体素质方面得到全面提高，对孩子的健康发育成长具有重要作用。

良好的身体姿势需要从小塑造，最佳时期为4~12岁，这个阶段是孩子生长发育的关键时期，也是最容易出现不良姿势的时期。儿童身体发育专家认为通过循序渐进的运动训练，对孩子出现的脊柱侧弯、肥胖、含胸驼背、塌腰、鸡胸、平足等不良姿势，可以起到良好的预防和矫正作用。此外，美国心理学家研究表明，在小学阶段培养孩子良好的运动习惯，会使其受益终身，因为孩子

在这个阶段的习惯决定了成年以后的生活方式。

第一节
运动改善姿势

身体姿势与健康的关系非常密切，良好的身体姿势是儿童生长发育的基础、健康生活的保障。良好的姿势能使身体的各个部位维持在正确的位置，头在两肩之上，两肩在躯干之上，躯干在骨盆之上，骨盆在两腿之上。任何部位的变化都会导致不良姿势，不良的姿势可能会引起人体肌肉失衡，如有些肌肉僵硬紧张、有些肌肉挛缩无力等，造成错误的运动模式，久而久之也会导致肌肉疼痛、关节活动受限等不适症状，影响儿童的生长发育和健康。

不良姿势的形成除了先天遗传以外，和不良的生活习惯也有很大关系，尤其是缺乏运动。缺乏运动会引起肌肉、骨骼与关节发育不均衡，导致颈部前伸、驼背、脊柱侧弯等各种姿态异常的问题。孩子身体处于生长发育阶段，是骨骼、肌肉与关节功能形成、发展的关键时期，而科学运动则是最重要的促进发育的因素。

孩子的姿势问题一般为暂时性的，即代偿性改变，也就是说，通过及时的评估和训练可以改变。例如，目前青少年脊柱侧弯绝大多数是特异性脊柱侧弯，即代偿性改变。身体功能性锻炼通过分析人体的动作、姿势，寻找薄弱环节并进行强化，可以优化人体姿势，通过有针对性的力量训练，使运动链更顺畅。身体功能锻炼通过力量练习、柔韧性练习、核心稳定性练习、肌肉的平衡练习、本体感受功能练习和关节稳定性练习，以加强身体的均衡性、对称性和稳定性来预防损伤和矫正不良身体姿势。

青少年出现异常身体姿势的主要原因是身体的不对称、不平衡及不协调。而科学的功能性训练，就是恢复机体本来的"功能"，强调身体多关节、多维

度地参与和协调发展，强调本体感受器的参与，注重动作质量和效果，注重各种原因引起的不良身体姿势的矫正。在训练之前需要针对每个人进行评估，制定个性化的训练方案。其目的在于找到身体姿势异常的问题，以及解剖学原因，然后通过运动有针对性地加强薄弱无力的肌肉，拉伸紧张僵硬的肌肉，改变错误的运动模式和姿势。长时间的运动训练可以改变不良的姿势，培养良好习惯，有效解决孩子姿势问题，这是最根本的方法。

第二节
运动促进健康

日本著名科研工作者小泉英明等脑科学家研究认为，儿童早期的"运动刺激缺乏"和随后的"运动刺激不当"是导致青少年体质下降的重要生理原因。如果青少年在婴幼儿期间缺乏运动刺激或刺激不当，容易导致大脑因刺激不够，相应的神经系统机能成长缓慢，以此为基础的体质健康和智力发展也随之受到影响。由此可见，运动对儿童大脑发育及体质健康具有非常重大的意义。此外，脑科学家研究认为，脑的发育过程存在一系列的关键期和敏感期，与之相适应，人的生长发育同样具有关键期和敏感期。有研究认为，青少年在生长发育过程中，一些后天的身体机能发展需要在适当的时候获得必要的外界刺激，如果外界刺激不能满足这些需要时，就会错过生长发育的最佳时机，人体的某些身体机能就永远得不到充分发展。

在以前现代化程度不高的社会生活和学习环境中，青少年参加运动、劳动、游戏等各种活动，能够满足其基本运动需求，运动刺激与青少年的自然生长保持平衡关系，能够保证正常的生长发育。但是，随着社会的发展和生活环境的改变，运动刺激的负荷和强度都在减少，青少年在最重要的关键时期没有得到足够的运动刺激，就会使相应的运动中枢神经退化，其生长发育逐渐失去物质基础，导致体质健康水平的下降。

运动与孩子的生长发育密切相关，

并且在不同年龄段孩子的身体素质发育存在不同敏感期。我们要抓住孩子身体素质发育的各个敏感期，有计划地让孩子进行锻炼，如小学阶段儿童神经系统与视听系统发展迅速，可以通过跑、跳、翻、爬和综合性游戏的锻炼内容和方法来提高，同时锻炼其协调、反应、灵敏、柔韧性等素质。按照孩子生长发育的规律和人体运动科学的原理，在孩子的敏感期开展相应的运动，可以使身体各系统得到充分的发育，促进孩子健康成长。

第三节
运动改造大脑

众所周知，运动可以强化肌肉，增强心脏和肺部功能，但这只是运动的基础性作用。四肢发达，头脑并不简单，

运动不仅可以健身，而且还可以锻炼大脑，让你更聪明。古希腊人曾说，如果你想聪明，运动吧！如果你想健美，运动吧！如果你想强壮，运动吧！

很多人认为运动和大脑没什么联系，有的人天生聪明，有的人天生愚笨，这些和运动有什么关系呢？但越来越多的研究已经证实运动使大脑清醒，使身体强健，越来越多的运动学家发现运动最关键的作用是强健和改善大脑。

从进化的角度来讲，人类是一种有耐力的动物，人类可以通过长时间的奔跑捕猎比人类跑得快的羚羊。当人类不再需要为了寻找食物奔跑后，其基因却依然为这种活动而存在。这使人类的身体天生就需要运动。保持一定的身体活动可以增强大脑中枢神经细胞的营养供应，使人类的大脑保持灵活性，通过给

予身体适度的压力，使它不易损坏。人的智力是一种多层次、多维结构的，发展变化的、立体的动态系统，它属于认识范畴的脑力劳动，人的各种心理活动能力——观察力、记忆力、思维力、想象力等均是构成智力的组成部分，它们不是孤立地产生作用，而是相互联系地综合地表现出来。智力是获得知识的条件，知识又是发展智力的基础。人的智力发展虽然主要依靠智力完成，但是人体发展智力的器官机能的改善，却有赖于体育活动，而体育锻炼可以促进智力的发展。

美国哈佛大学临床医学教授约翰·瑞迪（John Ratey）研究表明，经常参加运动的孩子，不仅身体素质好，其心智发展也远超平均水平；孩子在情绪控制、专注力、思考力等方面的表现优异，这意味着更高效的学习状态、更积极乐观的生活态度。这是因为科学的运动能够刺激肌体产生大脑营养物质，在运动过程中，大脑为了保证身体处在正确的姿势并运用合理的技巧来达成运动目标，必须迅速建立更多的神经传导通路和神经连接。从这个角度看，运动让我们的大脑保持清醒，并强制性地开发大脑记录和处理新信息的潜能，已经开发的大脑能力可迁移到除运动外的其他各类脑力活动中，全面提高了人脑对各类事项的领悟力和认知灵活性。

第四节
运动提高情商

　　青少年是社会的后备力量，肩负着建设祖国和造福社会的重任，而这些重任要基于青少年具有健康的心理状态。情商又称情绪智力，情商是衡量儿童身心健康的重要指标。只重视智商而忽视情商的培养已成为我国儿童成长过程中凸显的社会问题，主要表现在以自我为中心，个体焦虑，处理人际关系紧张，缺乏自信，易退缩，缺乏团结协作精神和交流沟通的能力，缺乏竞争意识，进取心不足等，因此培养当代儿童的情商有着非常重要的意义。

　　运动能力主要包括大运动能力和精细运动能力。大运动能力主要指身体和四肢的运动能力。孩子的情商与大运动能力有着直接的关系，优秀的大运动能力是建立优秀情商的基础。此外，孩子的心理发育水平主要是通过动作发展逐步提高的。运动能产生刺激或抑制情绪等物质，从而影响孩子的注意力、控制力、记忆力以及焦虑、烦躁、冲动等情绪。运动可以促进多巴胺分泌，有助于提高记忆力，让人感觉快乐、幸福，其分泌不足则会影响控制肌肉的能力。运动可以刺激肌体分泌肾上腺素，可以有效地提高孩子的专注力和活力。缺乏运动容易引起血清素水平降低，会使孩子的注意力很难集中，影响孩子的情绪，如易怒、焦虑或者冲动等。

体育运动是情商的磨炼场，体育运动的过程可以锻炼青少年的坚持、忍耐、竞争、自律和合作等品质。体育运动项目的魅力可以让青少年体验到积极、喜爱、激情等积极情感；体育项目比赛中的合作或交流可以提高青少年情绪的表达能力、思维的条理性、分析理解问题的能力；体育运动还能够增强孩子的团结意识、交际能力，让孩子的个人魅力得到尽情展现。这些能力和品质的提高进而会促进青少年的情商和情绪管理能力的提升。因此，长期坚持体育活动和体育锻炼对青少年的心理健康水平有促进作用。

第五节
运动奠定成功基础

20世纪美国哈佛大学做了一项社会调查，调查成功人士有什么共同特点或特征。该项调查走访了商界、政界、军界和学术领域2500多位成功人士，发现他们的兴趣爱好不尽相同，但是他们有一个共同的爱好就是体育运动，甚至80%的人在中学时代就是学校的运动健将。

面对现代社会激烈的竞争，若想取得成功，必须有健康的身体。同时，若想取得成功，必须具备良好的团队合作精神、坚定的意志品质和心理抗压等素质。良好的运动习惯不仅能够强身健体，也能够培养一个人坚强的意志、公平竞争的意识和团队合作的精神，还能让大脑分泌内啡肽，让人感到快乐、自信，激情澎湃，并有效释放压力。毛主席曾说过：文明其精神，野蛮其体魄。运动能赋予孩子强健的体魄，更能塑造其内在的修养，全面提升孩子的素质。

参 考 文 献

1. Jane Johnson. 姿势评估——治疗师操作指引 [M]. 张钧雅，译. 台湾：合记图书出版社，2014.

2. [美] 约翰·瑞迪，埃里克·哈格曼. 运动改造大脑 [M]. 浦溶，译. 杭州：浙江人民出版社，2013.

3. 王雄，沈兆喆. 身体功能训练动作手册 [M]. 北京：人民体育出版社，2014.

4. 马晓. 儿童不良身体姿态矫正的实验研究——以呼家楼小学的学生为例 [D]. 首都体育学院，2010.

5. 胡祖杰，刘传康. 儿童 X 型腿、O 型腿的评估与治疗进展 [J]. 现代医药卫生，2013，29(10).

6. 尹琳. 小心"人字拖"穿出内八字 [N]. 健康时报，2008(013).

7. 皮泽戏，晓吴，王于领. 物理治疗：激发人的最大潜能 [N]. 广东科技报，2004(013).

8. 赵莹雪，刘世忠. 儿童矫形鞋垫设计的应用与发展 [J]. 创意设计源，2015(02).

9. 李洪久. 浅谈体育运动对儿童大脑发育的促进作用 [J]. 现代经济信息，2017(10).

10. 张蓉. 体育运动对青少年情商和情绪效能的影响 [J]. 科教导刊（上旬刊），2016(06).

11. 霍尔冬. 浅谈人的体育运动对人体大脑智力的影响 [J]. 黑龙江省政法管理干部学院学报，2001(03).